KB175241

SSK 스마트사회연구단 총서 4

스마트위험사회의
정보정책론

Information Policy for Sustainable Smart Society

SSK 스마트사회연구단 총서 4

스마트위험사회의
정보정책론

Information Policy for Sustainable Smart Society

성욱준 지음

'정보통신기술의 발전이 인간을 행복하게 할까?' 연구실에서 강의실에서 그리고 일상에서 늘 묻는다. 정보통신정책을 연구하는 연구자에게는 숙명적인 질문이다. 새로운 기술과 서비스의 발전은 우리의 삶을 편리하게 하고 사회 변화를 위한 새로운 자극을 준다. 동시에 새로운 기술은 그에 따르는 역기능을 수반한다. 기술의 변화는 양 측면을 동시에 담고 있다. 기술결정론과 사회결정론을 둘러싼 오랜 논쟁은 마치 풀리지 않는 매듭같이 우리를 둘러싸고 있다. 기술이 사회를 변화시키는 것일까, 아니면 결국 사회의 필요가 기술의 최종적인 모양과 수용을 결정하는 것일까?

이러한 질문들은 우리가 무엇을 할 수 있으며, 해야 하는가라는 질문으로 이어진다. 긍정적인 변화를 촉진하고 부정적인 변화를 억제하며, 기술과 사회 변화 사이의 간극을 줄이는 것은 우리의 몫이다. 기술의 발전과 사회의 진보 사이의 관계를 선순환으로 만들기 위한 정책적 노력이 정보정책에 담겨 있다.

정보통신기술의 발전으로 촉발된 사회 변화 가능성을 정보화사회, 유비쿼터스사회, 모바일사회, 스마트사회, 지능정보사회와 같이 다양한 용어로 칭할 수 있다. 그리고 그 용어들의 속성에는 정보통신기술의 발전이라는 환경변화 속에서 기술과 사회의 균형을 추구하는 '지속가능한 사회'의 지향점이 있다.

이 책은 새로운 기술의 발전이 가져오는 사회적 역기능에 관한 것이다. 일반적으로 새로운 정보통신기술과 서비스가 개발될 때 우리는 그 변화의 순기능이나 변화와 혁신의 가능성에 먼저 주목하게 된다. 하지만 새로운 기술과 서비스가 가져다주는 변화들을 좀 더 세밀하게 관찰하여 부정적인 변화에도 관심을 기울여야 한다. 긍정적인 변화를 촉진하고 부정적인 효과를 제어하는 것이 정책과 제도의 역할이다.

이 책의 구성을 간략하게 소개하면, 제1장은 최근 정보통신기술의 발전과 이로 인한 기회와 위험의 양면을 소개하고 있다. ICBM(IoT, Cloud Computing, Big Data, Mobile)이라 불리는 새로운 스마트기술에 최근 4차 산업혁명과 인공지능의 재조명에 이르기까지 새로운 기술발전 동향을 살펴보고, 이들이 사회에 미칠 수 있는 변화 가능성을 함께 살펴본다. 특히, 이 책은 스마트정보사회의 난제들로 정보격차, 사이버중독, 사이버폭력과 인터넷 윤리, 개인정보보호에 주목하고 있다. 제2장은 정보리터러시와 정보격차의 문제를 다루고 있다. 읽고 쓸 줄 안다는 의미의 리터러시는 우리가 살아가는 세상에서 가장 기본이 되는 사회적 자본이다. 이러한 리터러시가 사이버공간으로 넘어오면서 정보리터러시라 불리게 되었으나 정보통신기술의 발전이 가속화될수록 기술과 서비스의 활용 차이가 발생하기 시작했다. 그리고 이러한 사이버공간의 격차는 현실공간의 사회·경제적 능력의 차이와 이로 인한 불평등으로 전이될 위험이 있다. 이러한 정보격차의 원인은 무엇이며, 우리나라의 현황은 어떠한가? 그리고 이러한 정보격차를 줄이기 위한 정보정책은 어떻게 이루어지고 있으며, 앞으로 정보격차 정책에서 필요한 과제는 무엇인지 살펴본다. 제3장은 사이버중독의 문제를 다루고 있다. 사이버공간은 우리가 현실에서 직접 체험할 수 없는 다양한 경험과 흥미를 제공한다. 온라인 채팅과 게임, SNS와 같은 커뮤니케이션 기능은 생활에 활력을 준다. 하지만 지나치면 독이 되는 것처럼 이들은 과몰입과 중독의 문제를 동시에 가지고 있다. 더구나 사이버음란물이나 도박과 같은 역기능이 증가하고, 그 대상도 성인뿐 아니라 청소년, 유·아동에 이르기까지 중독으로 인해 일상생활에 장애를 받는 경우가 잦아지고 있다. 우리나라에서도 크게 주목받고 있는 사이버중독의 현황과 관련 정책, 앞으로 과제 등을 살펴본다. 제4장은 사이버폭력에 대한 문제를 다루고 있다. 사이버공간에서는 보다 자유롭고 평등하길 기대하지만 한편으로 사이버공간에서의 폭력이 점점 더 심각한 문제가 되고 있다. 일상생활에서 벗어나 휴식처가 되리라 기대했던 공간이 때로는 일상생활의 연장선에서 우리를 힘들게 한다. 해킹이나 사이버사기와 같은 사이버범죄뿐 아니라 사이버 명예훼손이나 사이버 따돌림과 같은 심각한 문제들이 사이버공간에서 빈번하게 일어나고 있다. 4장을 통해 사이버폭력의 개념과 종류, 우리나라의 정책과 앞으로의 과제 등을 살펴본다. 제5장은 개인정보보호의 문제를 다루고 있다. 개인정보는 최근 보호와 활용의 경계 사이에서 논쟁이 뜨거운 분야이다. 기술의 발전에 따라 보호해야 할 개인정보도 늘어나고 있지만, 동시에 개인정보를 활용한 데이터의 가치도 동시에 주목받고 있다. 개인정보보호를 둘러싼 쟁점은 어떤 것들이 있으며 우리나라의 정책과 앞으로의 과제는 무엇인지 살펴본다. 제6장은 이 책의 결론 부분에 해당하는 것으로 앞으로 정보정책에 있어 고려해야 할 사항을 4가지 범주에 10가지로 나누어 살펴본다. 첫째, 정보정책의 기본방향으로서 변화하는 기술과 현상에 대한 이해, 사이버규범의 정립 필요성, 정보통신기술과 사회의 양립을 염두에 두어야 한다. 둘째, 체계적인 정보정책의 수립을 위하여 정보정책의 개념·범위·대상의 재정립, 정보정책 제도와 거버넌스의 재정비, 증거에 기반한 정책 수립이 필요하다. 셋째, 증거기반 정책을 위한 연구방안으로 정보정책 대상에 대한 정확한 파악, 활용성 높은 데이터의 수집과 개방, 연구방법의 다양화를 제언하였다. 마지막으로 정보정책의 지향점은 새로운 변화를 기회나 위험의 어느 한 측면에서 보는 것이 아닌 양자의 균형을 통한 지속가능한 발전을 도모하는 것이 반드시 필요하다.

이 책이 나오기까지 많은 분들의 도움이 있었다. 은사이신 서울대학교 행정대학원 김동욱 교수님은 필자를 정보정책 분야로 이끌어주시고, 연구자로서 기본적 소양들을 다듬어주셨다. 가끔 제자가 연구의 장벽을 만나면 늘 자신감을 북돋아주시는데, 뵙고 나면 어느새 복잡한 문제의 고리들이 깔끔하게 정리되곤 했다. 지금도 왕성한 연구와 활동을 통해 제자에게 자극을 주시는 스승님이시다. 정충식 교수님은 우리나라 전자정부 분야의 대가로서 교과서의 정책과 실물의 정책이 어떻게 연계되는가를 실천적 지식들을 통해 일깨워주신다. 만능이라는 말을 이분을 통해 배우게 되는 또 다른 은사님이시다. 이 책을 초기 기획부터 조언해주셨으며 이 책의 최종 원고도 처음부터 끝까지 검토하시며 손수 교정해주셨다. 이 책은 한국연구재단에서 지원하는 SSK 스마트지식사회 연구단의 지속적인 연구와 토론의 한 결과물이다. 연구를 함께하며 지적인 자극과 조언을 아끼지 않으신 서울과학기술대학교 조현석 교수님, 김기환 교수님, 이광석 교수님, 단국대학교 윤상오 교수님, 목원대학교 김대호 교수님, 고려대학교 권헌영 교수님께 진심으로 감사드린다. 전대성 박사님과 이은미 박사님은 우리 연구단의 모든 연구와 활동에 중심적 역할을 하시는 탁월한 연구자들이시다. 특히 이은미 박사님은 이 책의 초기 기획에 함께하였으나 이번 출간에는 함께하지 못하였다. 앞으로 더 좋은 책을 통해 함께하시리라 생각한다. 연구단에 참여하고 있는 이민상, 신승윤, 김용재, 윤자형, 신현우, 박상준, 조민지, 강승엽 석·박사 과정생들에게도 감사의 마음을 전한다. 대학원의 강승엽 석사 과정생이 자료수집과 교정 등에 특히 수고하였다. 앞으로 큰 학문적 진전을 기대한다. 촉박한 일정에도 불구하고 출판에 기꺼이 응해주신 한국학술정보(주)에 다시 한 번 지면을 빌려 감사드린다. 귀 출판사의 발전을 빈다.

마지막으로 필자의 연구 원천은 가족이다. 밤낮 없이, 주말도 없이 연구하는 것은 연구자에게는 당연한 일일지 모르지만 가족과 함께하지 못하는 시간은 늘 아쉬움과 미안함으로 남는다. 사랑하는 아내 자영이와 아들 동하, 딸 수빈이에게 이 책을 바친다.

필자의 역량이 모자라 여전히 부족한 부분이 많다. 독자의 충고와 비판, 앞으로 지속적인 연구를 통해 보완해나갈 것을 다짐한다.

2017년 4월 20일
성욱준

목 차

제1장
스마트사회의 도래와 위험의 재조명

기술의 발전과 스마트사회의 도래

1) 우리나라 정보화의 발전

UN 전자정부 평가[1]에서 전자정부발전지수와 온라인참여지수 3회 연속 1위(2010, 2012, 2014), 국제전기통신연합(ITU, International Telecommunication Union)의 ICT 발전지수 1위(2015),[2] WEF의 네트워크준비지수 10위(2014), 국가경쟁력 순위 26위(2015)와 같이 한국은 정보화시대가 본격적으로 시작된 이후 지난 30여 년간 빠르게 발전하여 왔다. 2015년 기준 인터넷 이용자 수 4,190만 명, 인터넷 이용률 85.1%로 거의 모든 국민이 인터넷으로 연결되어 있으며, 스마트폰 가입자 수도 모바일단말기-스마트폰 이용률이 98.3% 수준에 이르는 등 언제, 어디서나 네트워크를 통해 연결되는 초연결사회로 나아가고 있다.

<표 1-1> 한국 인터넷 주요 통계

통계 명	현황	비고
국가 도메인 등록건수(2015)	1,079,214개	
IPv4 보유현황(2015)	112,335,104개	세계 6위
IPv6 보유현황(2015)	5,245개	세계 10위
인터넷 이용률(2015)	85.1%	
인터넷 이용자 수(2015)	41,940,000명	
초고속인터넷 가입자 수(2015)	19,981,195명	전 세계 인터넷 평균 접속 속도 1위(2015)
모바일단말기-스마트폰 이용률	98.3%	
ICT 부문 실질 GDP(2015년 2분기)	36.6조 원	
ICT 산업 수출액(2015년 1, 2분기)	835.9억 달러	
ICT 부문 설비 투자현황(2014년)	42.9조	
인터넷뱅킹 등록 개인고객 수(2015.9)	108,369천 명	
온라인 쇼핑 거래액(2014)	45,302십억 원	
모바일 쇼핑 거래액(2014)	14,870십억 원	
UN 전자정부 준비지수(2014)	0.9462(1위)	2010, 2012, 2014 3회 연속 1위
UN 온라인 참여지수(2014)	1.00(1위)	2010, 2012, 2014 3회 연속 1위
ITU ICT 발전지수	8.93(1위)	

2) 스마트기술과 신융합시대의 도래

1990년대 이동통신과 초고속 인터넷의 유무선 통신시장의 성장, 2000년대 방송과 통신기술의 융합과 함께 찾아온 방송통신융합에 이어 빅데이터, 사물인터넷(IoT), 클라우드 컴퓨팅(Cloud Computing)과 같은 스마트기술의 등장과 함께 핀테크, O2O, 공유경제, 웨어러블 컴퓨팅, 자율주행자동차, 3D프린터와 같이 ICT는 전 산업의 영역으로 확장되고 해당 분야와의 융합이 가속화되고 있다. 현재의 변화는 정보통신시장 내부 가치사슬의 융합(CPND)과 함께 타 산업

영역으로의 융합이 동시에 진행되고 있다는 점에서 어느 때보다 그 변화의 속도가 빠르다고 할 수 있다. 2016년 초에 있었던 알파고의 열풍은 AI(인공지능)의 가능성과 함께 인류의 미래, 정보통신기술과 인간의 공존에 관한 문제를 고민하게 하는 계기가 되었다. 스마트폰으로 시작된 스마트시대의 도래는 기기의 성능 면에서 기존의 컴퓨터에 크게 뒤지지 않으면서도 휴대성과 다기능성, 무선인터넷 등으로 인해 모든 개인이 스마트기기에 의존하여 네트워크로 연결되는 지능정보화사회로의 전이를 맞이하게 된다.

<그림 1-1> 스마트 기술환경의 변화와 서비스 진화, 산업융합

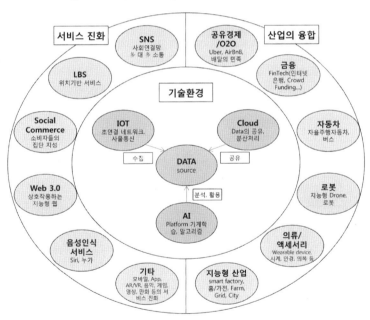

3) 정보통신기술의 발전과 인간의 행복

　정보통신기술의 발전이 인간을 행복하게 할 것인가? 기술발전과 사회진보를 둘러싼 기술결정론과 사회구성론의 대립은 정보통신기술의 발전에 대한 상반된 두 가지 시선을 반영한다. 등자(鐙子)의 도입과 중세 봉건제의 성립과 관련된 화이트(Lynn White Jr.)의 논의는 기술의 발전이 사회 발전을 이끄는 추동력이 됨을 보여주고 있다. 이에 반해 기술의 발전은 사회의 필요에 의해 결국 의미를 가진다는 사회구성론적 시각은 자전거의 발전과 표준화와 관련된 핀치와 바이커(T.Pinch & W.Bijker)의 논의에서처럼 기술의 발전은 결국 자전거와 관련된 다양한 사회집단의 의사를 복합적으로 반영해 가는 과정이었음을 보여준다. 컴퓨터와 인터넷, 스마트폰과 스마트패드, 스마트워치와 같은 웨어러블 컴퓨터, 홈네트워크가전 같은 사물인터넷, 자율주행자동차 등의 발전은 인간을 편리하게 만들 수는 있지만 인간을 궁극적으로 행복하게 만드는가에 대한 고민은 여전히 지속되고 있다. 인간과 기술과의 관계에 대한 논의는 기술에 대한 완전한 통제나 기술맹신론보다는 인간의 필요와 기술의 발전 사이의 간극을 줄여가며 사회 속에서 기술의 발전을 연착륙시켜 가고자 하는 노력으로 이어지지만 기술의 발전은 그 간격을 점점 더 넓히는 것처럼 보인다.

스마트정보사회의 새로운 기회

1) 빅데이터

빅데이터는 일반적인 데이터베이스 소프트웨어가 관리하기 힘든 데이터의 규모(volume)와 다양한 종류(variety), 데이터의 빠른 축척 속도(velocity)의 3V를 특성으로 하며, 최근에는 가치(value)를 넣어 4V라고 일컬어지기도 한다. 모바일기기 성능의 발전과 무선인터넷의 확산 등으로 1년마다 생성되는 데이터양이 지난 2000년간의 저장된 정보량의 몇 배에 해당되는 수준에 이르렀다. 2013년 기준으로 데이터양은 4.4제타바이트를 기록하고 있으며, 2020년에는 10배가 넘는 44제타바이트에 이를 것으로 예상된다.[3] 특히, 빅데이터가 만들어낼 수 있는 새로운 가치에 대한 관심이 높아지고 있다. 이로 인해 정부, 산업, 개인 등 사회의 모든 영역에서 혁신의 새로운 기회가 가속화될 것으로 기대된다. 스마트사회의 엘도라도 혹은 원유라고 불리는 빅데이터는 스마트 사회에 새로이 발견한 금맥과 같은 것이다. 하지만 그 자체만으로는 아무것도 아닐 수 있으며, 활용도에 따라 그 가치가 정해지고 축척될 것이다(성욱준, 2016).

우리나라에서는 2011년 국가정보화전략위원회에서 '빅데이터를 활용한 정부 구현(안)'을 발표한 이후 빅데이터 마스트플랜, 빅데이터 산업 발전 전략, K-ICT 전략 등을 통해 빅데이터가 주는 기회를 공공과 민간 부문에 확산하고자 하였다.

<표 1-2> 빅데이터 주요 정책

시기	내용
2011.11.	국가정보화전략위원회, 빅데이터를 활용한 정부 구현(안)
2012.11.	국가정보화전략위원회, 빅데이터 마스터플랜
2013.4.	미래창조과학부, 빅데이터 서비스 시범사업 추진
2013.11.	미래창조과학부, 과학기술분야 빅데이터 공동 활용 종합계획
2013.12.	미래창조과학부, 빅데이터 산업 발전 전략
2014.1.	관계부처 합동, 유능한 정부 구현을 위한 빅데이터 활용 확대 방안
2014.1.	미래창조과학부, 과학기술/ICT 분야 공공데이터를 활용한 비즈니스 모델 제안
2014.8.	미래창조과학부, (빅)데이터 기반 미래 예측 및 전략 수립 지원 계획. 제2회 정보통신전략위원회 상정/의결
2014.12.	미래창조과학부, 데이터 산업 발전 전략, 제3회 정보통신전략위원회 상정/의결
2015.3.	K-ICT 전략: 9대 전략 산업 중 하나로 빅데이터 산업 선정

이러한 빅데이터 분석을 통해 맞춤형 서비스를 제공함으로써 공공서비스의 향상을 도모하고, 의사결정에 활용함으로써 정책결정의 효과성을 도모할 수 있게 된다. 서울시 심야버스나 마을버스 노선 최적화, 각 지역 상권분석, 지역축제효과와 관광객 소비패턴 분석

등의 다양한 서비스가 제공되고 있으며, 확산 추세에 있다. 예를 들면 서울시 상권분석서비스의 경우 상권신호등을 통해 자치구 단위로 신규창업위험도, 폐업신고율(전년동분기) 3년간 개업 대비, 폐업신고율(전년동분기), 평균 폐업기간, 점포증감률 조회 등을 제공함으로써 창업 시 참고자료로 활용하도록 하고 있다.

<그림 1-2> 빅데이터 분석 사례

- 서울시 우리마을가게 상권분석서비스　　　・ 서울시 올빼미 버스

http://golmok.seoul.go.kr/sgmc/trdarstatls/get_slgngu_trdar_stats.
do?level1=1&level2=1

2) 사물인터넷

사물인터넷(IoT, Internet of Things)이란 모든 사물·기기들이 인간의 손을 거치지 않고 언제 어디서나 네트워크를 통해 연결되어 상호 정보를 주고받으며 지능화된 서비스를 제공하는 것을 말한다. 사물인터넷 관련 시장은 연평균 26%씩 성장하여 2020년에는 1조 달러를 상회할 것으로 전망되며, 특히 제조업을 중심으로 공정 및 생산 효율화 등에 활용되면서 차세대 스마트정보사회의 중심적인 기술로 주목받고 있다. 우리나라도 사물인터넷의 확산과 활용을 도모

하기 위하여 2014년 사물인터넷 기본계획(5월)을 수립하고, 지금까지 사물인터넷 정보 보호 로드맵(2014년 10월)과 사물인터넷 정보 보호 로드맵 3개년 시행계획(2015년 6월), 사물인터넷 R&D 추진계획(2014년 10월)을 수립하였다. 또한 2015년 3월에 발표한 K-ICT 전략의 SW·신산업분야 9대 전략 중 하나로 사물인터넷을 포함시켜 스마트시티나 헬스케어와 같은 IoT 실증단지 조성을 통해 해당 산업을 육성할 계획이다.

<그림 1-3> 사물인터넷 R&D 추진계획

* 출처: 미래창조과학부, 사물인터넷 R&D 추진계획(2014년 12월)

유무선 네트워크로 연결된 환경에서 사물 간의 소통을 통해 IoT 는 공공 서비스의 질적 향상을 도모하는 데 도움을 주고 있다. 공공 자율주행버스나 스마트 팜(Smart farm)의 개발, 지능형 주차서비스, 지능형 건물에너지 관리(Smart Grid), 실시간 교통정보 제공, 스마트 시티에 이르기까지 거의 모든 서비스들은 사물인터넷과 연결되어 제공될 것이다.

<그림 1-4> 사물인터넷과 다양한 공공서비스

공원 內 미아방지 서비스
- 전국 주요 공원 내 미아방지 팔찌 대여 서비스
- 부모의 전화번호 등록만으로 부담없이 간편하게 이용하여 미아방지 효과 증대

공공자전거 Easy 이용 서비스
- 가장 가까운 공공자전거의 위치를 확인하여 이용
- 실시간 위치 및 사용여부 파악으로 공공자전거 이용 편의성 제고

도시가스 원격 검침 서비스
- 원격 검침을 통한 가스 자동 검침 및 제어
- 도시가스 검침 관련 방문, 자가 기록, 문자 전송 등 이용자의 번거로움 해소

스마트 Parking 서비스
- 주차 가능 위치 알림 및 내 차 위치 확인 서비스
- 국공립 주차장 內 주차 편의성 제고 및 에너지 절약 효과

* 출처: 전자신문 (SK 텔레콤, IoT 전용망 첫 전국 상용화……)(http://www.etnews.com/20160704000332)

3) 클라우드 컴퓨팅

클라우드 컴퓨팅은 PC, PDA, 모바일 등 다양한 단말기를 이용하여 이용자들이 ICT 자원을 필요할 때마다 사용료를 주고 자유롭게 빌려 쓰는 것을 말한다. 구체적으로 서버, 스토리지, SW 등 ICT 자원을 구매하여 소유하지 않고, 필요시에 인터넷을 통해 서비스 형태로 이용하는 방식이다(정충식, 2015). 미국국립표준기술연구소(NIST)에 따르면 클라우드 서비스는 크게 인프라 자원을 서비스로 제공하는 Infrastructure as a service(IaaS), 개발 환경·테스트 환경 등의 플랫폼을 서비스로 제공하는 Platform as a service(PaaS), 응용애플리케이션·보안 솔루션 등의 소프트웨어를 서비스로 제공하는 Software as a service(SaaS)로 구분한다. 또한 클라우드 컴퓨팅 구축 방식에 따라 공용 클라우드(Public cloud), 사설 클라우드

(Private cloud), 혼용 클라우드(Hybrid cloud) 등으로 분류하고 있다. 현재 클라우드 서비스는 실시간 셀프 서비스(On-demand self service), 자원의 탄력성, 네트워크 접근(Access network)과 측정되는 서비스(Measured service), 자원의 동적 할당(Resource pooling) 등 5가지 기본 특성을 바탕으로 이루어진다.

우리나라에서도 정보자원의 효율적인 관리를 위해 2009년 범정부 클라우드 컴퓨팅 활성화 종합 계획을 시작으로 클라우드 컴퓨팅 확산 및 경쟁력 강화 전략(2011), 클라우드 산업 육성 계획(2014), 클라우드 컴퓨팅 발전 및 이용자 보호에 관한 법률(2015년 9월), K-ICT 클라우드 컴퓨팅 활성화 계획(2015년 11월) 등의 정책을 통해 공공과 민간 부문의 클라우드 서비스 컴퓨팅 활성화를 도모하고 있다. 특히 우리나라는 전 세계 최초로 '클라우드 컴퓨팅 발전 및 이용자 보호에 관한 법률'을 제정하여 클라우드 컴퓨팅 기본계획과 시행계획의 수립, 국가기관 등의 클라우드 컴퓨팅 도입 촉진, 클라우드 컴퓨팅 기술 기반 집적정보 통신시설의 구축 지원, 전문 인력의 양성, 국제협력과 해외진출 촉진 등을 적극적으로 추진하고 있다.

<그림 1-5> K-ICT 클라우드 컴퓨팅 활성화 계획(2015)

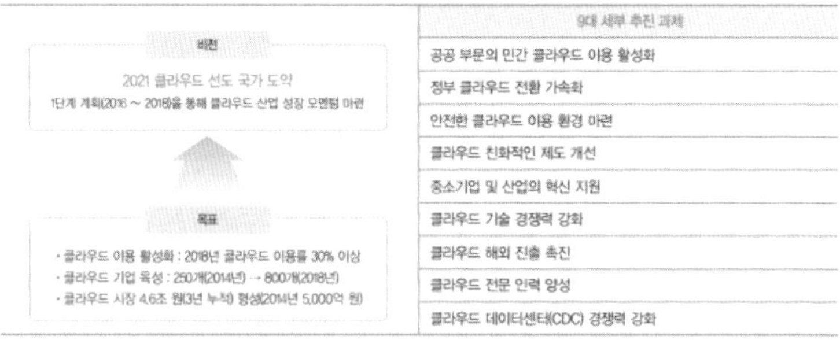

4) 모바일

정보화시대와 스마트정보사회를 구분하는 가장 큰 변화는 스마트폰의 도입과 확산으로부터 시작되었다. 스마트기기가 가진 고성능 CPU와 무선인터넷, 다양한 어플리케이션을 통한 다기능성, 편리한 조작성(User Interface)은 모바일이라는 휴대성과 결합함으로써 기존의 PC시장의 가구별 기기의 특성을 넘어 개개인에 최적화된 스마트 시대를 열었다. 스마트폰의 모바일 특성은 n-Screen, IoT, 웨어러블 서비스, 핀테크, 전자상거래 등의 새로운 변화를 위한 이동형 플랫폼이자 OS로 기능할 수 있다는 점에서 차세대 IT 혁신의 중심에 서 있다. 현재 정치, 경제, 사회, 문화 전반에서 일어나고 있는 스마트 기술 기반의 변화들은 PC 중심의 고정형 유선 인터넷이 아닌 휴대용 유선 인터넷을 중심으로 재편되고 발전해 나갈 것이다.

5) 제4차 산업혁명과 인공지능

2016년 1월의 다보스포럼을 통해 4차 산업혁명의 개념이 본격적으로 알려지게 된다. 다보스포럼은 산업혁명의 시대를 4가지 세대로 나누었다. 1차 산업혁명은 18세기 증기기관 기반의 기계화혁명이다. 영국을 중심으로 증기기관을 이용한 섬유산업 등이 거대 산업화하게 된다. 2차 산업혁명은 19~20세기 초의 전기에너지 기반의 대량생산혁명이다. 공장에 전력이 보급되고 컨베이어벨트를 이용한 대량생산체계가 마련된다. 3차 산업혁명은 20세기 후반의 컴퓨터와 인터넷 기반의 지식정보혁명이다. 이 시기에 인터넷과 스마트기기의 발전으로 미국을 중심으로 한 글로벌 IT기업이 부상하게 되며 이를 제1차 정보혁명의 시기라고도 할 수 있다. 4차 산업혁명은 21세기 초반부터 시작된 사물인터넷과 가상물리시스템(cyber physical system, CPS), 인공지능 기반의 정보혁명으로 사람과 사물, 공간이 지능적으로 연결되어 산업구조와 사회시스템이 혁신을 이루게 된다.

2016년 3월 이세돌 9단과 인공지능 알파고의 바둑 대결을 통해 인공지능기술의 발전에 대한 대중의 관심이 집중되었다. 지능정보기술의 개념정의에 대해서는 아직 논의가 진행 중이다. 하지만 그 개념정의가 어떻든 인공지능의 목표는 기술을 활용하여 인간의 두뇌와 유사한 지능을 구현하는 것이다. 인간의 두뇌와 유사한 지능을 개발하기 위한 시도는 구체적으로 인간과의 경쟁 혹은 두뇌시합으로 이어졌다. 1967년 체스 프로그램이 처음으로 일반인을 이긴 이후, 1990년대 들어 체스 게임에서 컴퓨터와 인간챔피언의 대결(1996년, 1997년), 2010년대 퀴즈, 장기, 포커, 바둑 등의 분야에서 잇따른 인간과 인공지능의 대결이 이루어졌다. 따라서 지금까지의 논의들을 종합하면 인간의 지각과 추론, 학습능력 등을 컴퓨터 기술을 통하여 구현함으로써 문제해결을 가능하게 하는 기술이라고 할 수 있을 것이다. 이러한 인공지능을 활용한 자연언어처리(자동번역시스템, 비서, 상담), 전문가시스템(법률, 의료 등의 전문가 견해 제공), 음성과 영상 인식ㆍ해석(CCTV나 영상으로 대상 판별), 기계학습을 통한 알고리즘 개선 등을 통해 인간과 상호작용하며 그 영역을 점점 확대할 것이다.

<그림 1-6> 소셜 로봇, 인간과 상호작용하는 AI

지보   페퍼4   IBM 코니

KIST 실벗3   쟈쟈4

스마트정보사회의 깊어가는 위험

1) 스마트정보사회의 난제들

스마트폰의 확산으로 본격화된 스마트정보사회는 빅데이터, 클라우드 컴퓨팅, 사물인터넷과 같은 스마트 기술의 발전과 함께 정치·경제·사회·문화의 각 영역에서 새로운 변화를 촉진하고 있다. 소셜네트워크서비스(SNS), 위치정보서비스(LBS), 소셜커머스(Social Commerce), 스마트그리드(Smart Greed), 온라인투오프라인서비스(O2O/Bicon), 가상현실(VR), 증강현실(AR), 공유경제(Sharing Economy), 웨어러블 컴퓨팅(Wearable Computing), 핀테크(Fintech), 드론(Dron), 3D 프린트, 자율주행자동차와 같은 새로운 서비스와 산업 분야가 새롭게 등장하여 우리 사회 전반에 영향을 주고 있다. 정치 영역에서 또한 모바일 정치, 소셜네트워크와 정치, 전자정부,

정부 3.0, 전자감시, 스마트워크 등의 새로운 현상들이 가속화되고 있다. 경제영역에서도 소셜플랫폼, 모바일 광고, 개인정보, 위치정보 등을 이용한 각종 산업 분야가 성장하고, 스마트 기술 기반의 빅데이터, 사물인터넷 산업과 IT 융합 산업의 발전은 제4차 산업혁명으로 이어지고 있다. 사회적으로는 스마트종족, 탈국경적 문화, 집단지성, 잊힐 권리와 같은 새로운 개념과 특징들이 나타나고 있다.

이러한 변화 속에서도 정보화시대 이후 지속되어 온 문제들이 여전히 존재한다. 디지털기기와 콘텐츠의 발전은 이를 둘러싼 정보접근성과 정보격차의 문제를 심화시키고 있다. 인터넷으로 연결된 세상은 우리에게 우리가 마주할 수 있는 또 다른 세상의 즐거움을 보여주었지만 동시에 사이버 세상에 대한 지나친 의존과 중독의 문제를 일으켰다. 온라인에서 일어나는 사이버 왕따나 사이버 범죄와 같은 사이버폭력의 문제, 개인정보의 침해와 보호문제, 사이버보안과

<표 1-3> 국가정보화 기본법 제4장: 국가정보화의 역기능 방지

	내용
제1절 정보이용의 건전성·보편성 보장 및 인터넷중독 예방·해소	(제29조) 정보문화의 창달
	(제30조~제30조의 8) 인터넷중독의 예방 및 해소계획 수립, 그린인터넷 인증, 인터넷중독대응센터, 인터넷중독 관련 전문인력 양성, 인터넷중독 관련 교육
	(제31조~제25조) 정보격차 해소 시책의 마련, 장애인·고령자 등의 정보접근 및 이용 보장, 웹 접근성 품질인증 등, 정보격차의 해소와 관련된 기술 개발 및 보급지원, 정보통신제품의 지원, 정보격차 해소 교육의 시행 등
제2절 정보이용의 안전성 및 신뢰성 보장	(제37조) 정보보호 시책의 마련
	(제38조) 정보보호시스템에 관한 기준 고시
	(제39조) 개인정보보호 시책의 마련
	(제40조) 건전한 정보통신 윤리의 확립
	(제41조) 이용자의 권익 보호 등
	(제42조) 지식재산 및 지식재산권의 보호

전자감시사회의 문제, 온라인 세상에서의 정보문화와 규범 문제 등은 스마트정보사회가 변화의 기회를 사회적으로 올바르게 수용하기 위하여 반드시 고려해야 할 문제이다.

2) 스마트정보사회의 정보격차

디지털 기술과 서비스의 발전은 정보리터러시와 관련된 문제를 부각시켜 왔다. 정보화시대의 리터러시로서 정보역량은 일상을 살아가는 것에 있어서 필수적이지만, 한편으로는 정보격차로 인한 사회·경제·정치의 전 영역에서 불평등을 심화시킬 수 있다. 스마트폰을 비롯한 스마트기기의 등장과 인터넷을 통해 유통되는 다양한 콘텐츠와 서비스들의 증가는 새로운 기회의 가능성을 증가시켜 주지만 이와 함께 기존의 PC 중심의 정보격차가 해소되지 않은 상태에서 스마트기기에 기반한 새로운 정보격차의 문제를 발생시킬 수 있다. 더 나아가 빅데이터, 사물인터넷, 클라우드 컴퓨팅, 인공지능에 기반하는 다양한 서비스의 확산은 이를 적절하게 활용하는 사람과 그렇지 못한 사람 사이의 디지털격차는 물론 사회경제적인 격차를 심화시킬 수 있다. 기본적인 인간자본으로서 읽고 쓸 줄 아는 능력의 차이와 이로부터 기인하는 불평등의 문제를 어떻게 해소할 수 있을까?

3) 스마트정보사회의 사이버중독

인터넷 공간은 일상생활의 스트레스에서 벗어나 여가를 즐기는 공간의 역할을 해왔다. 하지만 인터넷과 같은 사이버 세상에 대한 과몰입은 스마트폰중독이나 게임중독이나 채팅중독은 물론 도박중독이나 음란물중독에까지 확장됨으로써 그 문제가 한층 더 심각해지고 있다. 특히 최근 스마트폰의 확산은 단 한시도 스마트폰 없이는 살 수 없는 현대인의 의존성을 심각하게 보여주고 있다. 자다 말고 수시로 일어나 SNS를 확인하고, 사이버세상만이 의미가 있는 공간이 되어가면서 일어나는 일상생활의 폐해, 나아가 반인륜적인 행위들을 경험하게 된다. 사이버공간이 제공하는 즐거움과 집착 사이의 그 간극을 우리는 어떻게 조정해야 할까?

4) 스마트정보사회의 사이버폭력

스마트시대의 도래는 우리가 교류하고 소통하는 방식을 근본적으로 바꾸게 되는 계기가 될 것이라는 장밋빛 기대도 잠시…… 우리는 새로운 커뮤니케이션 서비스 방식에도 불구하고 여전히 오프라인 공간의 맹점들이 온라인으로 그대로 반영되는 것을 목격하게 되었다. 카톡감옥, 방폭, 떼카…… 우리가 잊고 지내는 동안 오프라인의 폭력이 온라인의 커뮤니케이션 공간으로 숨어드는 것을 목격하게 되는 것이다. 특히 청소년 계층에서 사이버왕따는 현실의 폭력보다 더한 정신적 고통을 주며, 이는 최근 대학생들 사이에서도 사이버폭력이나 성희롱 문제 등으로 번지고 있다. 또한 게시글이나 댓글에서의 욕설이나 인격모독, 개인 신상과 사생활 폭로 등 오프라인보다 더 교묘하게 인터넷으로 숨어드는 인터넷폭력을 어떻게 대처해야 할까?

5) 스마트정보사회의 정보보호

개인정보는 개인의 프라이버시와 관련이 되는 것으로 그 수집과 보관, 활용에 있어 주의를 요하는 것이 전통적인 견해이다. 하지만 온라인상의 개인정보가 수집·보관되는 과정에서 개인정보가 유출되는 일이 잦아지고 원상복구나 그에 적절한 보상을 받는 것마저 쉽지 않다. 더구나 스마트사회에는 주민번호나 이름 등과 같은 개인정보에 위치정보라고 불리는 새로운 개인정보가 더해졌다. 최근 빅데이터 분석이나 IoT를 통한 자료 수집은 모두 개인정보의 문제를 담고 있다. 인터넷 공간에서는 개인정보가 저가의 비용으로 판매되고 있다. 하지만 디지털시대의 많은 새로운 가치의 창출은 이러한 개인정보의 바람직한 활용에서 나온다는 것은 아이러니하다. 개인정보의 활용과 보호 문제에 적정한 수준이라는 것은 존재할까?

이는 개인수준에서뿐 아니라 사회와 국가 수준에서도 심각한 정보보안문제로 나타나고 있다. 사이버공격이나 테러, 사이버전은 공격자를 파악하기가 곤란하며 공격자로 추정되는 사람 혹은 단체를 찾더라도 확정하는 것이 쉽지 않은 특징을 가진다. 특히 사물인터넷으로 모든 사물이 연결되고 상호 간의 의존성이 커지고 있는 상황에서 정보보호문제는 갈수록 그 중요성이 강조될 것이다.

스마트사회의 용어정립은 스마트기기의 확산과 함께 스마트빅뱅으로 주목받았던 스마트사회의 도래는 빅데이터, 클라우드 컴퓨팅, 사물인터넷 등의 스마트기술들의 발전으로 변화의 속도가 한층 빨라지고 있다. 지능정보사회, 스마트사회, 스마트지식사회, 스마트정보사회 등의 다양한 이름으로 지칭되고는 있지만 스마트기술로 인한 환경변화에 주목하고 있다는 점에서는 공통적이다. 더구나 최근 4차 산업혁명과 인공지능의 발전으로 인해 그 용어는 지능정보사회 등으로 다시 한 번 재정의되고 있다. 이러한 정보통신기술의 발전과 그에 따른 사회의 변화를 어떤 방식으로 정의하던, 새로운 정보통신기술의 발전은 우리에게 기회와 함께 그에 따른 부작용의 가능성을 동시에 던져주고 있다. 정책의 역할 중 하나는 장점을 살리고, 부작용은 줄이는 일일 것이다. 그리고 균형적인 발전을 통해 우리는 지속적 발전으로, 정보통신기술의 발전이 인간의 행복으로 이어지는 선순환을 기대할 수 있게 될 것이다.

• 쉬어가기 •

[기술 속 사상] 자전거 기술은 치마길이가 좌우했다
기술 속 사상/⑦ 기술의 사회구성론

'기술의 사회구성론'은 기술변화의 과정에 정치적, 경제적, 조직적, 문화적 요소가 개입하는 현상을 분석함으로써 궁극적으로는 기술이 사회과정의 일종이라고 주장하는 이론이다. 기술이 사회적으로 구성된다는 주장에 대한 논의를 진전시키기 위해 다음과 같은 질문을 던져보자. 우리는 왜 150볼트가 아닌 110볼트 또는 220볼트 전기체계를 가지고 있는가? 한때 많은 사람들이 비행기가 발전해서 결국 누구나 소형 자가용 비행기를 갖게 될 것이라고 예상했음에도 불구하고 어째서 비행기의 크기는 커졌는가? 자전거가 처음 만들어진 19세기 말에는 다른 형태의 자전거도 많이 있었는데 어째서 다이아몬드 형태의 틀과 고무 타이어를 쓰고 두 바퀴의 크기가 비슷한 안전자전거(safety bicycle) 모델이 지금은 보편적이 되었는가?

초기에 남성 스포츠 자전거 애용자들이 선호했던 앞바퀴가 큰 자전거. 이 자전거는 치마를 입은 여성들을 위해서 변형된 모델을 만들어야 했다.

핀치와 바이커의 '자전거' 연구

이런 문제에 대한 상식적인 답은 대체로 지금 우리가 쓰는 모델이 다른 모델보다 편하고 안전하다는 것이었다. 간단히 말해 지금 살아남은 기술이 다른 기술보다 더 효율적이기 때문에 경쟁에서 이겼다는 것이다. 자본주의 사회에서 효율성이란 좋은 것, 합리적인 것, 추구해야 할 것, 심지어 운명 지어진 어떤 것을 의미한다. 그렇지만 이런 관점은 논쟁적인 기술을 분석할 때 문제를 발생시킨다. 핵무기와 독가스도 효율적인 기술이라고 볼 수 있을까? 인간복제 기술도 필연적인 것으로 받아들여야 하는 것인가? 지금 우리가 가진 기술이 다 효율적인 것이라면, 왜 재앙에 가까운 기술적 실패가 종종 발생하는가? 기술결정론에서는 기술의 발전은 물론 기술이 사회에 미치는 영향이 이미 기술 속에 결정되어 있음을 강조한다. 반면에 기술의 사회구성론은 기술 발전의 궤적이 이미 기술 내에 결정되어 있다는 식의 '본질주의(essentialism)'를 비판하면서 기술의 발전에서 중요한 구실을 한 사회 집단들을 강조한다. 기술의 사회구성론을 정립하는 데 선구적인 연구를 한 과학기술학자 핀치와 바이커는 자전거의 변천에 관한 사례연구를 통해 기술의 구성 과정을 다음과 같이 분석하고 있다.

자전거의 발전 과정을 분석할 때 가장 중요한 요소는 자전거를 둘러싼 다양한 사회집단이다. 여기에는 자전거를 만든 기술자, 남성 이용자뿐 아니라 여성 이용자, 스포츠 자전거 이용자, 심지어 자전거 반대론자도 포함된다. 이들은 모두 특정한 자전거 디자인에 대해 그들 나름의 선호와 이해관계를 가지고 있었는데, 예를 들어 스포츠 자전거 이용자들은 56인치짜리 커다란 앞바퀴가 달려서 페달을 밟아서 격한 운동을 할 수 있는 모델을 좋아했다. 그렇지만 앞바퀴가 큰 자전거는 여성 이용자들을 위해서 특별히 설계된 모델을 개발해야 했는데, 당시 여성들은 보통 긴 치마를 입고 있었기 때문이다.

앞바퀴가 작은 자전거를 선호하던 여성들은 자전거의 모델이 지금의 안전 자전거로 종결되는 데 중요한 역할을 했다.

이런 식으로 자전거의 발달을 이를 둘러싼 사회 집단의 맥락 속에서 분석해보면, 자전거의 초기 발전단계는 지금 우리가 사용하는 표준 자전거로의 단선적 발전을 반영한다기보다, 오히려 자전거라는 기술과 여러 사회집단, 그리고 풀어야 할 기술적 문제들의 분산된 네트워크를 반영함을 알 수 있다. 예를 들어 지금은 공기 타이어가 자전거에 보편적으로 쓰이고 있지만, 초기에는 아무도 공기 타이어가 자전거 설계에 결정적인 요소라고 생각지 않았다. 기술자들에게 공기 타이어는 매우 골치 아픈 문제였고, 스포츠 자전거를 즐겼던 사람들에겐 쿠션을 제공하는 공기 타이어가 오히려 불필요한 것이었다. 이렇게 서로 다른 사회집단은 자신의 이해관계에 따라 동일한 기술이 지니고 있는 문제점을 서로 다르게 파악하며 이에 대한 해결책도 다르게 제시한다. 따라서 기술이 발전하는 과정에서, 사회집단들 사이에는 그 기술이 가진 문제점과 해결책이 다르다는 점 때문에 갈등이 발생한다.

이러한 갈등이 사법적, 도덕적, 정치적 성격을 띠는 복잡한 협상을 통해 해소되는 과정을 거치면서 어느 정도 합의에 도달하게 되면 안정적인 기술적 인공물의 형태가 선택된다. 그런데 사회 구성론자들은 이 합의의 과정이 다시 '사회적' 과정임을 강조한다. 자전거 변천 과정에서도 자전거 경주와 같은 사회적 요소가 논쟁의 종결에서 중요한 구실을 했다는 것이다. 당시에 자전거 경주가 사람들의 관심을 끌면서 공기 타이어를 장착한 안전 자전거가 다른 자전거보다 빠르다는 것이 경주를 통해 입증되었다. 이 과정에서 초기 자전거 설계에서 중요하지 않던 속도가 자전거의 핵심적인 특징으로 새로이 부각되었는데, 그 결과 더 빠른 속도를 낼 수 있는 안전 자전거 쪽으로 경쟁이 종결되었다는 것이다.

큰 앞바퀴 치마 입고 타기에 불편

기술 디자인을 종결하는 데 중요했던 또 다른 요소는 여성 자전거 애호가들이었다. 자전거를 격렬한 스포츠로 여기던 남성들은 큰 앞바퀴가 있는 자전거를 선호했지만, 여성들은 치마라는 복장 때문에 앞바퀴가 작고 타이어가 쿠션 기능을 해주는 안전 자전거를 선호했다. 그러므로 안전 자전거가 다른 자전거보다 우월하다는 결론은 기술적 논리(가령 효율성)에 의해서가 아니라 사회 집단, 이들의 이해관계, 그리고 자전거라는 인공물 사이의 상호작용에서 나온 여러 가지 우연한 사건들에 의해 구성된 것이라고 볼 수 있다. 안전 자전거가 다른 자전거보다 더 효율적이라는 담론은 논쟁이 종결된 후에 그 과정을 정당화하기 위해서 재구성되었다는 것이 사회 구성론자들의 주장이다.

조금만 일반화시켜 보자. 기술적 인공물을 둘러싼 사회집단에는 이를 만들고 판매하는 엔지니어와 기업가만 있는 것이 아니라 다양한 유형의 소비자도 있다. 이 각각의 사회집단은 어떤 한 가지 기술과 관련해서 자신들이 해결하고 싶은 문제들을 가진 사람들이며, 이러한 문제 각각에는 다양한 해결방식이 있을 수 있다. 이렇게 한 가지 문제를 여러 가지 방식으로 해결할 수 있다는 점을 '기술적 유연성(technological flexibility)'이라고 부른다.

'기술의 영향에 무관심' 비판도

이런 다양한 유연성들은 기술을 둘러싼 사회집단들 사이의 해석차와 갈등으로 나타난다. 갈등은 핵심적인 문제가 새로운 기술에 의해서 해결됨으로써 해소되며, 그 결과는 특정 기술이 표준으로 채택되는 것이다. 논쟁의 종결은 기술 그 자체의 논리에 의한 것이라기보다는, 기술을 둘러싼 사람들 사이의 일종의 합의과정이다. 즉 기술의 방향, 내용, 그 결과가 사회 그룹들의 상호작용에 의해 사회적으로 만들어진다는 주장이다.

기술의 사회구성론이 모든 과학기술학자들을 설득한 것은 아니다. 비판자들은 우선 사회구성론이 기술의 출현에만 초점을 맞추고 그 영향에는 무관심하다는 비판을 하고 했다. 즉 기술이 선택된 이후에 그것이 개인의 경험이나 사회관계를 바꾸는 양식은 기술의 사회구성론에서 논의되지 않고 있다는 것이다. 기술의 사회구성론자들은 이러한 비판을 수용하고 있으며 최근에는 이와 관련된 몇몇 사례연구를 추진하고 있다. 예를 들어 이들은 포드가 생산한 자동차가 처음에는 운송수단의 의미만을 가지고 있었지만 농촌지역에 확산되면서 다른 기계를 작동시키는 동력의 역할도 담당했다는 점을 보여주고 있다.

또 이들은 기술변화에 수반되는 사회구조나 권력관계를 무시하며, 기술을 둘러싼 정치적 문제에 대하여 무관심하다는 비판도 받았다. 즉 기술의 사회구성론은 기술변화에 대한 서술에 그치고 있으며, 기술변화의 방향을 어떻게 재정립할 것인가에 대해서는 무심하다는 비판이다.

이러한 비판자들은 기술철학과 기술사회학의 핵심적인 문제가 "기술이 어떻게 구성되는가"가 아니라 "우리의 기술중심적인 사회를 어떻게 재구성할 것인가"에 있다고 주장한다. 그러나 기술의 사회구성론이 이러한 문제에 전적으로 무관심한 것은 아니다. 무엇보다 기술의 사회구성론은 기술이 가진 유연성을 드러냄으로써 기술결정론을 비판하고 "기술이 지금과 다를 수도 있다"는 새로운 가능성을 제시한다. 사회구성론자들은 이러한 이론적 틀을 논쟁적인 기술을 평가하는 '기술평가'나 엔지니어를 위한 교육의 개혁에 적용하는 실험을 계속하고 있다. 사회구성론자들이나 비판자들 모두는 기술결정론이 지배하는 기술사회의 문제를 극복함으로써 더 바람직한 사회의 발전에 공헌하는 기술철학을 지향하고 있다고 볼 수 있는 것이다.

홍성욱/서울대학교 교수 · 과학기술사

한겨레, 〈기술의 사회구성론(자전거 기술은 치마길이가 좌우했다)〉(2006.06.02.)
http://www.hani.co.kr/arti/culture/book/128683.html

제2장
정보격차: 인간자본(human capital)과 불평등의 아이러니

1) 정보격차의 여러 유형들

(1) 디지털시대의 인간자본: digital literacy

리터러시(literacy)란 '글을 읽고 쓸 줄 아는 능력'을 의미하는 것으로 현대 생활에 있어 필수불가결한 요소이다. 거의 모든 국가들은 읽고 쓸 줄 아는 능력을 인간자본(human capital)의 중요한 근원으로서 인식하고 있으며 교육을 통해 문맹률을 낮추려고 한다. 정보통신기술(Information and Communications Technology)의 발전과 함께 정보화의 시대로 들어서면서 인간은 또 하나의 리터러시를 요구받게 되었다. 컴퓨터나 인터넷과 같은 정보화기기의 사용과 관련된 정보역량(digital literacy)이다. 정보화시대의 필수적인 역량으로서 정보화기기의 보유 · 사용 · 활용과 관련된 차이를 정보격차(digital divide)라고 하며 지속가능한 정보사회를 위해 해소해야 할 중요한 과제로 여겨진다.

(2) 정보격차와 사회적 불평등

특히, 디지털기기가 일상생활 속으로 스며듦에 따라 기기의 단순한 사용 차이에 그치지 않고, 그 활용 여부에 따라 사회경제적인 지위에 중요한 영향을 미치게 된다는 측면에서 사회적 불평등(digital divide)과 연결된다. 즉 새로운 정보통신기기에 대한 접근·사용·활용 능력은 사회적, 경제적, 정치적 영역 등에서 더 많은 새로운 가치와 기회를 창출할 수 있는 자원이 되며, 이러한 기회를 초기부터 자주 접할 수 있는 자와 없는 자 사이의 간극은 정보격차에 그치지 않고 사회적 격차로 이어지게 된다는 것이다. 이런 면에서 정보역량은 디지털시대를 살아가기 위한 필수적인 인간자본이면서도, 한편으론 보편적인 접근과 사용, 활용에 차이가 발생할 때 사회적 불평등으로 전이될 수 있는 디지털시대의 난제(wicked problem)라 볼 수 있다.[4]

(3) 스마트정보사회, 정보격차의 심화 혹은 해소(jumping or double divide)

ICT(정보통신기술)의 발전은 스마트정보사회에 이르러 새로운 기회를 주기도 하지만, 정보사회에서부터 논의되어 온 문제들을 더욱더 복잡하게 만든다. 정보격차는 스마트정보사회의 대표적 난제 중 하나이다. 새로운 스마트기기의 도입은 정보격차를 확대시킬 것인가, 아니면 축소시킬 것인가? 미국의 정보화 관련 통계와 보고서를 제공하는 Pew Research Center의 보고서에 의하면 저가폰의 확산은 정보취약계층인 흑인, 히스패닉 층에 정보접근성을 높임으로써 정보격차를 줄이는 데 기여한 것으로 나타났다(Pew Research Center, 2011, 2012). 이에 반해 한국정보화진흥원(National Information Agency)의 보고서는 스마트기기의 도입이 성별, 연령, 직업, 학력 등의 전통적 격차 요인과 함께 새로운 정보격차의 문제를 발생시키고 있다고 소개하고 있다. 스마트폰이나 스마트패드와 같은 스마트기기의 도입이 정보역량과 정보격차에 어떤 영향을 미치는지, 기존의 PC 중심의 정보시대와는 다른 어떤 차이가 있는지 지속적인 연구가 필요하다. 구체적으로 스마트기기의 확산은 PC 중심의 정보격차를 해소할 수 있는 새로운 기회가 될 것인지, 아니면 PC 중심의 정보격차가 아직 해소되지 않은 상태에서 새로운 정보격차를 발생시키는 원인이 될 것인지에 대한 논의가 필요하다.

2) 정보격차의 일반적 개요

(1) 정보격차 개념

정보격차는 일반적으로 컴퓨터와 인터넷과 같은 새로운 정보기술에 접근할 수 있는 사람들과 없는 사람들 사이에 발생하는 격차를 의미한다. 정보격차에 대한 개념은 학자나 기관마다 조금씩 상이하게 용어가 정의된다. OECD(2001, understanding the digital divide)에 따르면, "정보격차란 정보통신기술의 접근의 기회와 활용과 관련한 사회경제적 수준에서 개인과 가구, 기업, 지역 간 차이(the gap between individuals, households, businesses and geographic areas at different socio-economic levels with regard both to their opportunities to access information and communication technologies (ICTs) and to their use of the Internet for a wide variety of activities)"라고 할 수 있다. 우리나라 국가정보화 기본법에 의하면 정보격차는 "사회적, 경제적, 지역적 또는 신체적 여건으로 인하여 정보통신서비스에 접근하거나 정보통신서비스를 이용할 수 있는 기회에 차이"가 발생하는 것을 말한다(국가정보화 기본법 제3조 제9호). 정보격차와 관련하여 가장 널리 알려진 정의는 다이크(van Dijk, 2005)가 정의한 "새로운 기술에 접근이 가능한 자와 가능하지 않은 자들 간의 차이(the gap between those who do and those who do not have access to computers and the Internet)"이다. 스마트기술의 발전과 새로운 서비스의 공급은 정보역량과 정보격차에 어떤 영향을 미칠 것인가에 관한 논의는 스마트시대의 정보격차 혹은 스마트 디바이드의 개념을 통해 앞으로 전개될 수 있을 것이다.

(2) 정보리터러시와 정보격차

정보통신기술의 발전과 정보격차의 관계에 관한 두 가지 상반된 이론이 존재해왔다. 정보격차 해소론(shrinking digital divide hypothesis)에 따르면 새로운 정보통신 매체나 서비스의 등장은 초기에는 접근과 사용, 활용에 격차가 발생하지만 성숙기에 접어들면 이러한 격차는 자연스럽게 줄어들게 된다고 한다. 집전화나 텔레비전의 등장과 확산은 초기 정보격차가 줄어들고 보편화됨에 따라 정보격차가 해소되는 과정을 보여준다. 이에 반해 정보격차 확대론(growing digital divide hypothesis)에 따르면 기존 매체나 서비스에 대한 정보격차는 해소된다고 해도 새로운 기술과 매체, 서비스의 등장은 새로운 정보격차를 일으키게 되고 정보역량을 가진 자와 가지지 못한 자 사이의 간격은 줄어들지 않는다고 한다. 로저스(1995)의 혁신확산이론을 적용한 정보격차 관련 논의는 S곡선의 초기·중기·후기 수용자 간의 정보역량이 성숙기에 이르러 줄어들게 되는지 아니면 시간이 지나도 집단 간 격차가 해소되지 않고 지속적으로 존재하는지에 관한 시각의 차이를 보여준다.

<그림 2-1> 모형에 따른 집단별 정보기술 수용 S-곡선 변화

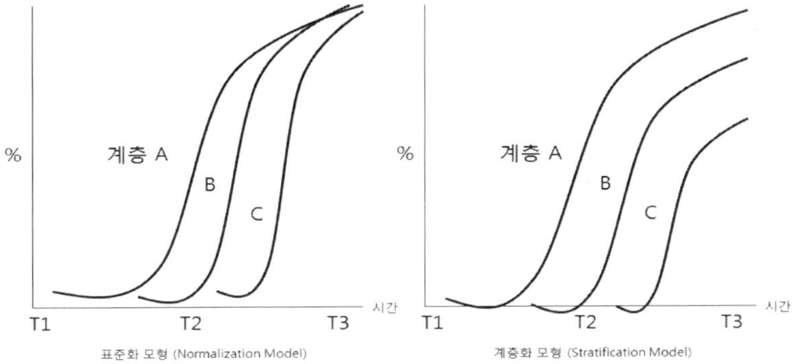
%
계층 A
B
C
T1
T2
T3
시간
표준화 모형 (Normalization Model)
%
계층 A
B
C
T1
T2
T3
시간
계층화 모형 (Stratification Model)

* 출처: van Dijk, 2005

(3) 정보격차의 유형

정보격차는 정보에 대한 다양한 접근권을 포함하는 복합적인 개념이다. 다이크(van Dijk, 2005)에 의하면 정보접근권은 동기적 접근성과 물리적 접근성, 이용 차원의 접근성과 활용 수준의 접근성을 의미하는 다차원적 개념이다. 일반적으로 정보접근성은 인터넷이나 정보기기에 대한 역량과 관계된 물리적 접근성(material access), 물리적 접근성을 취득한 후 하드웨어와 소프트웨어를 다룰 수 있는 능력

을 포함하는 기술 접근성(skill access), 정보의 다양한 이용과 활용을
포함하는 활용 접근성(usage access)으로 구성된다. 이들 접근성은 하
나의 접근성이 완결되어야 다른 단계로 넘어가는 단절적인 것이라
기보다는 4가지의 단계가 연속적이고 중층적인 관계를 가지게 된다.

<표 2-1> 정보접근성의 유형과 내용

정보접근성의 유형	내용
동기적 접근성	디지털 기술을 사용하고자 하는 심리적 동기
물리적 접근성	인터넷과 같은 네트워크나 pc나 스마트폰과 같은 정보기기에 접근 가능성
기술 접근성	물리적 접근을 획득한 후 하드웨어와 소프트웨어를 다룰 수 있는 능력. 기기 작동법(도구적 기술)이나 정보·검색 처리 기술(정보기술), 자신의 목적을 위한 수단으로 사용(전략 기술)을 포함
활용 접근성	정보리터러시의 최종단계로서 실제적인 이용과 관련된 것. 이용시간이나 이용을 위한 응용장치의 다양성, 능동적이고 창조적인 활용을 포함

(4) 정보격차의 주요 요인

정보접근성의 차이는 무엇으로부터 발생할까? 전통적으로 정보격
차와 관련된 연구들은 정보격차의 발생원인으로 소득수준, 교육수
준, 고용과 직업, 연령, 성별, 인종, 국적 등의 사회경제학적 변수들에
주목해왔다(van Dijk, 2005; van Dijk, 2013; Ragnedda & Muschert,
2013). 정보격차 연구는 남자에 비해서 여성이, 청년층에 비해 장년
층이, 고소득층에 비해 저소득층이, 고등교육집단이 하위교육집단
간에는 얼마만큼의 정보역량의 차이가 발생하는가에 주로 주목하게
된다. 다만 최근의 정보격차 연구들은 다음의 두 가지 사항을 고려
하여 진행되고 있다. 첫째, 정보격차 연구에서 분석수준은 개인수준

이 아닌 범주화된 집단수준이다. 따라서 개인과 개인의 차이보다는 집단과 집단 간의 차이에 관심을 두게 된다. 둘째, 정보격차 연구에서 관심이 있는 것은 각 집단의 절대적 수준보다는 집단 간의 상대적 수준과 비교이다. 우리가 연구에서 소득수준, 교육수준, 고용과 직업, 연령, 성별, 인종, 국적 등의 다양한 사회경제학적 변수들에 의한 정보격차와 이로 인한 사회적 불평등의 가능성을 다룰 때, 우리가 궁금한 것은 이들의 절대적 수준이기보다는 상대적 수준이 된다. 예를 들면 정보격차에서 관심을 가지는 것은 일반적인 정보역량의 사람들 혹은 정보역량이 높은 사람들과 비교할 때 정보취약계층이 어느 정도의 정보역량을 가지는가 하는 것이며, 이들 간의 정보격차에 주목하게 된다. 이러한 가진 자와 못 가진 자의 격차에 관심을 기울이는 것은 정보격차가 사회경제적인 격차와 불평등으로 이어질 수 있는 가능성이 크기 때문이다.

1) 정보격차 현황

(1) 우리나라 정보격차 실태조사 개요

우리나라는 한국정보화진흥원에서 정보격차와 관련된 실태조사를 실시해오고 있다. 2000년부터 시작된 조사는 2002년에 이르러 장애인, 저소득층, 장노년층, 농어민을 대상으로 한 정보격차 실태조사로 이어졌다. 이후 정보화진흥원에서 개발한 정보격차지수를 사용하여 2004년부터 일반국민과 정보취약계층 사이의 차이 지수를 산출하고 있다. 최근에는 기존의 4대 취약계층 이외에도 (2012년부터) 북한이탈주민과 결혼이민자와 같은 신정보취약계층에 대한 조사를 수행하고 있다. 2013년부터는 스마트시대를 맞이하여 스마트격차지수를 개발하여 14년부터 스마트격차지수를 발표하고 있다.

우리나라의 정보격차지수는 접근, 역량, 활용(양적, 질적)의 세 가지 수준으로 나누어진다. 먼저 접근지수는 PC · 인터넷에 대한 보유와 접근성을 중심으로 측정하며, 역량지수는 컴퓨터와 인터넷에 대한 기본능력을 포함한다. 활용지수는 양적활용과 질적활용의 두 부분으로 나누어진다. 양적활용은 PC · 인터넷의 이용여부 및 이용시간으로, 질적활용은 PC · 인터넷의 일상생활 도움정도와 기본용도별 이용정도로 측정한다. 정보격차 종합지수에 대한 구체적인 지수 분류와 내용은 <표 2-2>와 같다.

<표 2-2> 우리나라의 정보격차지수와 항목들

구분	영역	세부항목
정보격차 지수 (종합)	접근 지수	· 가구 및 가구 이외 장소의 PC 보유 여부
		· 무선 인터넷 접속가능 기기 보유 여부
		· 가구 내 인터넷 이용 여부
		· PC 및 인터넷 이용 필요시 사용 가능 여부
		· PC 및 인터넷 사용 가능 시, 이용까지 소요시간
		· 주로 사용하는 PC 기종
		· 주로 사용하는 인터넷의 접속방식
	역량 지수	· 컴퓨터 활용능력(8개 항목)
		· 인터넷 활용능력(7개 항목)
	양적 활용 지수	· PC 이용 여부(PC 이용률)
		· 인터넷 이용 여부(인터넷 이용률)
		· PC 및 인터넷 사용시간(일일 평균) · PC · 인터넷 일상생활 부문별 도움 정도 - 업무(학업) 활동, 가사 및 개인용무 활동, 여가 활동, 사회 활동, 의사소통 및 교제 활동
	질적 활용 지수	· PC · 인터넷 세부 권장용도별 이용 정도 - 업무(학업) 관련 정보검색, 업무(학업) 관련 문서 · 자료의 작성 및 관리, 가사 및 개인용무 관련 정보검색, 가사 및 개인 용무 관련 문서 · 자료의 작성 및 관리, 인터넷을 통한 각종 거래처리, 인터넷 강의수강 및 학습, 사회참여 및 커뮤니티 활동

스마트 격차 지수 (종합)	스마트 접근 지수	· 인터넷 상시 접속 가능 여부
		· 유무선 정보기기 보유 여부
	스마트 역량 지수	· PC 이용 능력(7개 항목)
		· 모바일 스마트기기 이용 능력(7개 항목)
	스마트 활용 지수	· 유선 및 모바일 인터넷 이용 여부
		· 인터넷 서비스 이용 다양성 - 정보(뉴스) 검색, 전자우편, 메신저, 교육, 영화/음악/전자 책 등의 콘텐츠(뉴스 제외) 이용, 일반 블로그 운영, 마이 크로 블로그 이용, 커뮤니티 서비스, 교통정보 및 지도, 제품구매 및 예약/예매, 금융서비스(뱅킹·주식), 행정서비스(전자정부), 클라우드 서비스
		· 인터넷 심화 활용 정도 - 정보생산 및 공유, 네트워킹, 사회참여, 경제활동

* 출처: 한국정보화진흥원, 〈2015 정보격차 실태조사〉, 2015

(2) PC 기반의 정보역량과 정보격차

먼저 PC 기반의 정보역량과 격차수준의 변화를 살펴본다. 일반국민의 정보역량 수준을 100으로 보았을 때 4대 정보취약계층(장애인, 저소득층, 농어민, 장노년층)의 정보역량이 어느 정도 수준에 있는지 측정할 수 있다. 종합 정보격차지수를 보면 취약계층의 평균적인 정보역량은 2004년 45% 수준에서 2014년도 76.6% 수준까지 꾸준히 상승하여 왔음을 알 수 있다. 계층별로는 장애인과 저소득층이 각각 일반국민 수준 대비 약 85% 수준까지 올라간 것을 볼 수 있고, 장노년층은 74.3% 수준이며 농어민은 가장 낮은 69.4% 수준에 머물러 있는 것을 볼 수 있다.

접근, 역량, 양적/질적 활용의 각 세부역량별로 살펴보면 접근 부문의 취약계층의 정보역량은 2014년을 기준으로 일반국민의 94.3% 수준까지 이르러 접근성 격차는 상당부분 해소되어 가고 있는 것으로 보인다. 역량부문의 경우 2004년에는 취약계층의 정보역량이 일반 국민의 27.5% 수준에 불과했으나 2014년에는 64.1%로 정보격차가 상당한 수준으로 감소하였다. 양적 활용은 2004년 34.2% 수준에서 63.5% 수준으로, 질적 활용은 29.6%에서 63.4% 수준으로 상승하는 등 조사 기간 동안 일반국민 대비 정보취약계층의 정보역량 수준이 지속적으로 개선된 것으로 나타났다. 다만, 역량이나 양적·질적 활용의 일반국민 대비 취약계층의 정보역량이 여전히 60% 수준에 머물고 있어 정보격차의 문제가 여전히 진행 중인 중요 정보정책 과제임을 명심하여야 하겠다. 정보격차의 통계를 해석함에 있어서 농어민의 경우, 취약계층이 농어촌이라는 지역을 의미하는지 농어민이라는 직업을 의미하는지 혼란을 줄 수 있다. 해당 표현만으로는 지역이 아닌 직업 수준에서 취약계층을 의미하는 것으로 해석된다.

<표 2-3> PC 기반 정보역량 수준과 정보격차

PC 기반 정보역량 수준		2004	2005	2006	2007	2008	2009	2010	2011	2012	2013	2014
종합	일반국민	100	100	100	100	100	100	100	100	100	100	100
	장애인	57.5	65.2	73.9	76.0	78.8	80.3	81.3	82.2	83.4	83.8	85.3
	저소득층	55.6	64.2	73.0	75.5	78.1	79.5	80.5	81.4	82.2	83.2	85.3
	농어민	33.8	41.7	49.8	54.6	57.9	60.3	61.8	63.6	64.8	67.8	69.4
	장노년층	40.9	49.3	58.4	62.6	64.2	65.9	67.5	69.2	71.2	72.6	74.3
	취약계층 평균	45.0	53.3	62.0	65.9	68.0	69.7	71.1	72.4	74.0	75.2	76.6
접근 부문	일반국민	100	100	100	100	100	100	100	100	100	100	100
	장애인	73.0	77.6	85.4	88.8	92.6	92.7	93.4	93.5	93.9	94.7	96.4
	저소득층	61.1	69.8	79.6	84.2	87.9	88.4	89.5	90.9	92.3	93.7	94.4
	농어민	51.3	57.9	69.5	76.7	80.9	84.1	86.2	87.5	87.5	88.6	89.3
	장노년층	66.3	73.5	82.9	90.1	92.5	93.6	93.8	94.3	94.9	94.3	94.9
	평균	63.7	71.0	80.2	86.5	89.7	91.0	91.8	92.7	93.4	93.6	94.3

역량 부문	일반국민	100	100	100	100	100	100	100	100	100	100	100
	장애인	41.1	50.0	61.0	63.4	66.0	72.2	72.8	75.1	79.0	79.8	82.1
	저소득층	49.9	58.3	67.1	67.6	69.1	74.7	75.8	76.6	76.8	78.0	84.2
	농어민	18.3	25.0	29.1	30.5	33.2	35.2	37.2	38.0	39.0	43.1	47.9
	장노년층	17.7	23.3	32.4	33.7	34.5	37.0	39.4	42.8	48.0	53.9	59.0
	평균	27.5	34.2	42.9	44.5	45.7	48.9	50.8	52.8	56.1	60.0	64.1
양적 활용	일반국민	100	100	100	100	100	100	100	100	100	100	100
	장애인	48.9	58.6	67.8	68.1	70.5	72.4	74.0	74.4	74.9	75.2	75.4
	저소득층	53.7	61.4	69.3	70.0	72.6	72.9	74.1	74.4	75.0	75.9	77.7
	농어민	23.5	32.0	38.1	42.4	44.4	45.8	46.6	48.4	51.3	56.1	56.8
	장노년층	25.9	33.6	41.7	44.4	45.7	47.7	50.0	51.9	53.2	57.4	59.1
	평균	34.2	42.2	50.3	52.8	54.4	55.7	57.5	58.6	59.7	62.6	63.5
질적 활용	일반국민	100	100	100	100	100	100	100	100	100	100	100
	장애인	45.5	53.1	62.0	63.3	64.5	65.8	66.2	69.3	72.5	73.2	76.5
	저소득층	49.3	57.0	64.9	67.2	67.6	69.6	70.5	70.8	71.2	71.8	74.4
	농어민	19.5	25.5	31.3	32.0	37.5	39.5	41.2	44.4	46.2	53.8	56.7
	장노년층	20.7	29.7	39.5	40.6	42.9	45.9	48.3	52.0	57.3	57.7	59.5
	평균	29.6	37.7	46.4	48.0	50.1	52.3	54.1	56.8	60.4	61.6	63.4

주: 1) 위의 표에서 정보역량 수준은 일반국민의 정보화 수준을 100으로 할 때, 일반국민 대비 취약계층
　　(장애인, 저소득층, 농어민, 장노년층)의 정보화 수준을 의미
　2) 저소득층은 기초생활수급층, 장노년층은 50대 이상 연령층 기준임
　3) 평균은 취약계층별 규모를 고려한 가중 평균임
　4) 정보격차: 격차지수 = 일반국민 정보화 수준(100으로 가정) - 일반국민(100) 대비
　　취약계층 정보화 수준
　5) 정보격차지수가 100에 가까울수록 격차가 크며 0에 가까울수록 격차가 적은 것을 의미함

* 출처: 한국정보화진흥원

(3) 스마트기기의 도입과 정보격차

PC 기반의 정보격차 문제가 완전하게 해소되지 않은 상태에서 스마트기기와 관련 서비스의 도입은 정보격차 문제를 더욱 복잡하게 만든다. "PC 기반 유선 인터넷 환경에서의 정보격차는 업무·학습·정보 등 특정 생활 영역에 제한적 영향을 미치는 반면, 스마트기기 기반의 모바일 격차는 관계·참여·라이프스타일·문화·소통·소득 등 모든 생활 영역에 전 방위적으로 영향을 미친다. 이러한 다면적 격차가 심화될 경우, 궁극적으로 국가 경쟁력의 약화와 사회통합의 저해라는 부작용이 초래"될 것으로 예상된다(국가정보화백서,

2015). 한국정보화진흥원에서는 스마트기기 기반의 정보역량과 정보격차를 측정하기 위하여 해당 지표를 개발하고 2013년부터 스마트정보역량과 격차를 발표해왔다. 먼저, 접근·역량·활용의 종합적인 수준에서는 일반국민에 비해 소외계층이 2013년 47.5% 수준, 2014년은 57.4%로 나타나고 있다. 소외계층별로는 2013년에는 장노년층이 42.1% 수준으로 가장 낮았으나 2014년에는 농어민이 51.4%로 가장 낮은 점수를 기록하고 있다. 둘째, 부문별로는 접근부문의 일반국민 대비 취약계층의 정보역량을 살펴보면 접근부문은 63.4%에서 78.4%로, 역량부문은 36%에서 42%로, 활용부문은 46.4%에서 55.9%로 변화하고 있다.

스마트 정보격차와 PC 기반 정보격차를 비교해보면 첫째, 스마트 기반 정보격차가 PC 기반 정보격차에 비해 더 큰 것을 알 수 있다. 이는 새로운 기기의 등장으로 인한 새로운 정보격차의 초기 단계임을 나타내고 있는 것이라 볼 수 있다. 둘째, 일반국민 대비 취약계층의 스마트 기반 정보역량이 상당히 빠른 정도로 증가하고 있다. 셋째, 특이한 것은 PC 기반 정보역량의 경우 전반적으로 접근부문 역량 > 역량부문 역량 > 활용부문 역량으로 나타난 것에 비하여 스마트 기반 정보역량의 경우 접근부문 역량 > 활용부문 역량 > 역량부문 역량의 순으로 나타나고 있다.

<표 2-4> PC 기반 정보격차 vs 스마트 기반 정보격차(2013, 2014)

스마트 기반 정보 역량 수준		2013		2014	
		PC 기반 정보역량	스마트 기반 역량	PC 기반 정보역량	스마트 기반 역량
종합	일반국민	100	100	100	100
	장애인	83.8	49.2	85.3	60.2
	저소득층	83.2	68.6	85.3	72.5
	농어민	67.8	43.1	69.4	51.4
	장노년층	72.6	42.1	74.3	54.3
	소외계층 평균	75.2	47.5	76.6	57.4
접근부문	일반국민	100	100	100	100
	장애인	96.4	64.3	96.4	79.9
	저소득층	94.4	79.4	94.4	82.2
	농어민	89.3	63.9	89.3	68.1
	장노년층	94.9	58.6	94.9	79.2
	소외계층 평균	94.3	63.4	94.3	78.4
역량부문	일반국민	100	100	100	100
	장애인	82.1	37.3	82.1	45.0
	저소득층	84.2	59.0	84.2	66.8
	농어민	47.9	31.6	47.9	40.7
	장노년층	59.0	30.2	59.0	35.5
	소외계층 평균	64.1	36.0	64.1	42.0
활용부문	일반국민	100	100	100	100
	장애인	74.6	49.2	75.7	59.7
	저소득층	74.7	69.6	76.8	70.3
	농어민	55.4	38.1	56.7	48.6
	장노년층	57.5	41.0	59.3	53.0
	소외계층 평균	62.3	46.4	63.5	55.9

주: 1) 위의 표는 전체 국민의 종합 정보화 수준을 100으로 했을 때 계
층별 정보화 수준을 의미함

* 출처: 한국정보화진흥원

2) 정보격차 정책: 추진체계, 관련 법제, 주요정책

(1) 우리나라 정보격차 관련 정책 추진 조직

우리나라에서 정보격차와 관련된 정책을 맡고 있는 주무부처는 미래창조과학부(이하 미래부)이다. 미래부 정보통신정책실 정보보호정책관 내에 정보활용지원팀은 정보격차에 대한 정책 수립, 정보취약계층에 대한 지원, 관련 기관·단체의 육성, 웹 접근성 등의 기술개발 및 표준화 등과 같은 정보격차와 관련된 총괄적인 정책을 수행하고 있다. 이 밖에도 행정자치부의 전자정부국 내에 지역정보지원과는 지역 간 정보격차를 위한 사업의 추진과 지원을 맡고 있다. 교육부의 국립특수교육원은 장애인과 같은 특수 계층에 대한 정보격차 해소를 맡고 있다. 방송통신위원회의 방송기반국 내 방송기반총괄과는 방송 분야에 있어서의 미디어 접근성을 제고하고 보편적 시청권을 보장함으로써 정보격차와 관련된 문제해소를 다루고 있다. 이와 함께 공공기관 수준에서는 한국정보화진흥원 디지털문화본부 내 디지털격차해소팀이 정보취약계층에 대한 접근성을 제고하고 정보화교육을 실시하며 관련 콘텐츠를 개발하는 등의 업무를 수행하고 있다.

부처	주무부서	주요 정보격차 정책 내용
미래창조 과학부	정보통신정책실 정보보호정책관 정보활용지원팀	· 정보문화의 창달 및 확산 시책의 수립·시행 · 정보격차 해소에 관한 시책의 마련 및 추진 · 장애인·고령자 등의 정보 접근 및 정보 이용 보장에 관한 사항 · 정보격차 해소와 관련된 정보통신 제품의 개발·보급지원 　에 관한 사항 · 정보격차 해소를 위한 정보화교육 시행에 관한 사항 · 정보보호 취약계층에 대한 정보보호 활동의 지원 · 지역정보화 기반 조성에 관한 사항 · 정보문화의 확산, 인터넷·스마트폰 중독 및 정보격차 해 　소와 관련된 기관·단체의 육성·지원 · 웹사이트 등의 정보접근성에 대한 종합 실태조사, 표준화 　및 기술개발　에 관한 사항 · 웹사이트 등의 정보접근성 보장을 위한 교육 및 컨설팅 등 　에 관한 사항
행정 자치부	전자정부국 지역정보지원과	· 지방자치단체의 장이 수립한 정보화 시행계획의 총괄·조정 · 지역정보화 정책의 수립·평가 및 관련 법·제도 개선에 　관한 사항 · 지역 간 정보격차 해소를 위한 사업의 추진 및 지원 · 미래 지역정보공동체의 조성 및 확산 · 정보화마을의 기획·선정 및 제도의 개선
교육부	국립특수교육원 정보지원과	· 특수교육 정보격차 해소에 관한 사항 · 장애인의 고등교육 및 평생교육 지원
방송통신 위원회	방송기반국 방송기반총괄과	· 방송의 보편적 서비스에 관한 정책 및 제도의 수립과 성과 분석 · 보편적 시청권보장제도의 수립·시행 및 법령의 제정·개정 · 보편적 시청권보장위원회의 구성 및 운영 · 장애인 등을 위한 방송 접근성 확보를 위한 정책의 수립·시행 · 장애인 등을 위한 방송수신 보조기기의 보급 · 장애인 등을 위한 방송분야 정보격차 해소정책의 수립·시행

* 참조: 대한민국 정부 포털(http://www.korea.go.kr), 2016.04.15.

(2) 정보격차 해소 정책

스마트정보사회에서 모두가 동등하게 정보에 접근하고 활용할 수 있도록 장애인, 고령자 등 소외계층 대상 스마트기기 보급 및 활용 교육 등의 정책을 강화하는 것이 매우 중요하다. 우리나라는 웹 접근성 강화, 기기 접근성 강화, 정보화교육을 통해 정보격차를 해소하기 위한 정책을 지속적으로 시행하여 왔다.

우리나라의 정보격차 해소를 위한 정책을 담은 국가정보화 기본법의 관련 내용을 살펴보자. 국가정보화 기본법 제31조는 "국가기관과 지방자치단체는 모든 국민이 정보통신서비스에 원활하게 접근하고 정보를 유익하게 활용할 기본적 권리를 실질적으로 누릴 수 있도록 필요한 시책을 마련"하도록 하고 있다. 먼저, 장애인·고령자 등의 정보접근 및 이용을 보장하도록 하고, 이를 위하여 웹 접근성 품질인증, 인증기관의 지정의 취소, 웹 접근성 품질인증의 표시, 웹 접근성 품질인증의 취소를 규정하였다(제32조). 둘째, 장애인·고령자 등의 정보접근 및 이용자 환경 개선을 위한 관련 기술개발 및 보급 지원을 규정하고 있다(제33조). 셋째, 장애인을 포함한 사회적 약자들에 대해 유상 또는 무상으로 정보통신제품을 지원하도록 하고 있다(제34조). 넷째, 국가기관과 지방자치단체는 정보격차 해소를 위해 필요한 교육을 실시하고, 정보격차 교육이나 정보격차 교육에 필요한 시설관리를 위하여 인력을 지원하도록 하고 있다(제35조). 다섯째, 국가기관과 지방자치단체는 정보격차 해소를 포함한 정보문화의 창달과 인터넷중독의 예방 및 해소, 건전한 정보통신 윤리의 확립을 위해 필요한 재원을 확보하도록 규정하였다(제36조).

(3) 웹 접근성 강화

정보리터러시 중 물리적 접근성에서 기기와 인터넷(웹)에 대한 접근성은 매우 중요하다. 스마트사회로 넘어오면서 유무선융합과 심화되면서 디지털 영역의 거의 모든 활동들이 웹(web)을 통해 인터넷상에서 이루어진다는 특징을 가진다. 특히, 사물인터넷이나 클라우드 컴퓨팅, 빅데이터와 같은 스마트 기술의 발전은 웹의 접속을 통해 이루어지는 환경으로 변화시키고 있다. 이러한 웹 접근성을 강화하기 위한 정책도 지속적으로 이루어져 왔다. 웹 접근성이라는 가장 기본적인 기반환경의 조성을 위해 웹 접근성 표준의 제정과 표준기술 가이드라인을 제정·개정하고, 모바일 어플리케이션 접근성 지침을 제정하며, 웹 접근성 실태조사를 지속적으로 실시해왔다. 또한 웹 접근성이 실질적으로 담보될 수 있도록 서비스 제공 웹에 대한 기술적 자문을 제공하며, 공무원을 대상으로 한 웹 접근성 교육을 실시하고 인식을 제고하기 위한 노력도 지속적으로 수행하고 있다. 웹 접근성과 관련된 정책을 정리하면 <표 2-6>과 같다.

<표 2-6> 웹 접근성 제고 정책

정책	내용
웹 접근성 기반 환경 조성	(웹 접근성 표준의 제정과 개정) · '한국형 웹 콘텐츠 접근성 지침(2005년 제정, 2010, 2015년 개정)'을 비롯한 '웹 접근성 향상을 위한 국가표준 기술 가이드라인(2010)' 등의 마련을 통해 웹 접근성 기반 환경을 조성[5]
	(모바일 애플리케이션 접근성 지침) · 2011년, 모바일 애플리케이션 접근성 지침 제정 - 장애인이 비장애인과 동등하게 국가기관, 지방자치단체, 공공기관 등에서 제공 하는 모바일 애플리케이션을 활용할 수 있도록 준수해야 할 세부사항을 정하 고 있으며 필수사항 7개와 권고사항 8개로 구성 ※ 모바일 애플리케이션 접근성 지침 2.0 개정 진행 중
	(웹 접근성 실태조사) · 웹 접근성 인식 제고 및 실태 파악을 통해 웹 접근성 관련 정책을 수립하기 위해 2005년부터 매년 중앙행정기관, 자치단체, 공공기관 등을 대상으로 웹 접근성 실태조사를 실시
웹 접근성 기술지원 강화	(웹 접근성 온·오프라인 자문 서비스) · 웹 접근성 관련 기술적인 지원을 강화하기 위해 온라인과 오프라인을 통한 상시 자문 서비스를 추진
	(웹 접근성 품질마크) · 웹 접근성 품질마크는 웹 접근성 표준지침을 준수한 우수 사이트에 대해 품질마크를 부여하여 웹 접근성 준수의 모범사례를 제시

웹 접근성 인력 양성	· 2005년부터 웹 접근성에 대한 인식 제고 및 관련 인력양성을 위해 공 무원 대상 웹 접근성 전문교육을 실시
웹 접근성 인식 제고 및 확산	· 웹 접근성 제고를 위해 정보접근성 교육, 온라인 자문 서비스, 웹 접 근성 지킴이 구성·운영, 세미나 등을 개최

* 출처: 『국가정보화백서』, 2008~2015 재정리

(4) 기기 접근성의 강화

정보접근성 중 물리적 접근성과 관련하여 웹에 대한 접근성과 함께 기기의 대한 접근성이 매우 중요하다. 우리나라는 PC뿐 아니라 최근의 모바일기기와 스마트폰기기에 대한 접근성을 제고하기 위한 정책을 수행하여 왔다. 취약계층에 대한 PC 보급을 위해 사랑의 그린 PC 보급을 1997년부터 지속적으로 시행해왔으며, 태블릿으로 그 지원범위를 확대할 예정이다. 또한 정보접근 및 활용이 어려운 장애인을 위한 2003년부터 정보통신 보조기기를 개발·보급하고 있다. 장애인 통신중계 서비스는 문자나 영상(수화) 메시지를 중계사가 음성으로 전달하는 서비스로 24시간 중계 서비스를 제공하고 있다. 최근에는 전용 모바일 앱의 개발 등을 통해 통신중계 서비스를 강화하고 있다. 기기 접근성 정책에 대한 내용은 <표 2-7>과 같다.

<표 2-7> 기기 접근성 강화 정책

정책	내용
사랑의 그린 PC 보급	· 1997년부터 보급하기 시작한 사랑의 그린 PC 보급사업은 공공기관과 기업·개인 등으로부터 2014년까지 총 51만 4,362대를 기증받아 국내 및 해외 저개발 국가를 대상으로 총 32만 6,693대를 보급 · 스마트 정보화 환경에서 정보취약계층의 스마트기기 접근과 활용 촉진을 위해 복지시설에 태블릿 PC를 보급하고, 향후에도 사랑의 그린 PC 보급과 더불어 태블릿 PC도 지속적으로 확대 보급할 예정
정보통신 보조기기 개발 및 보급	· 정보통신 보조기기는 정보접근 및 활용이 어려운 장애인에게 컴퓨터를 효과적으로 사용할 수 있도록 지원하기 위해 개발된 제품 · 정보화에 접근이 어려운 장애인의 정보접근성 보장 및 강화를 위해 정보통신 보조기기 개발 및 보급을 2003년부터 추진
장애인 통신 중계 서비스	· 통신중계 서비스는 문자나 영상(수화) 메시지를 중계사가 전화(음성)로 상대방에게 전달하는 실시간 전화중계 서비스 · 한국정보화진흥원에서는 청각·언어 장애인들의 의사소통을 지원하기 위해 2004년부터 통신중계 서비스를 제공 · 2010년 11월부터 야간을 포함한 24시간 중계 서비스를 실시
	· 장소에 구애 없이 청각·언어 장애인의 의사소통 지원을 위해 통신중계 서비스 전용 모바일 앱 '손말이음센터'를 2014년에 개발하여 2015년부터 서비스를 제공

* 출처: 『국가정보화백서』, 2008~2015 재정리

(5) 정보화교육

웹 접근성이나 정보기기 접근성의 제고와 같은 물리적 접근성의 향상과 함께 정보기기의 사용능력 및 활용의 제고를 위해 정보취약계층에 대한 다양한 정보화교육을 실시하고 있다. 우리나라는 2000년부터 정보격차 해소를 위한 교육계획을 수립하고, 1, 2차에 걸친 정보격차 해소 종합계획을 수립하는 등 정보취약계층의 정보활용능력과 이를 통한 사회참여 기회를 확대하기 위해 다양한 교육정책을 실시하여 왔다. 장애인에 대한 장애유형에 따른 교육과 중증 장애인을 위한 정보화 서비스의 제공, 고령층에 대한 정보교육 서비스는 물론 최근 북한이탈주민이나 결혼이민자와 같은 신소외계층에

대한 다양한 교육지원 프로그램을 운영하고 있다. 정보화교육의 상세한 내용은 <표 2-8>과 같다.

<표 2-8> 정보역량 및 활용 제고 정책: 정보화교육 정책

주요정책	내용
우리나라 주요 정보화교육 정책	· 2000년 6월, 1,000만 명 정보화교육 계획 · 2004년, 취약계층 500만 정보화교육 계획 · 2005년, 제2차 정보격차 해소 종합계획(2006~2010) 수립
장애인 정보화 교육	· 1999년부터 장애인 대상의 정보화교육을 실시 (장애유형에 따른 교육 실시) · 집합교육: 컴퓨터·인터넷 등에 대한 기초 및 실용교육 · 1:1 맞춤형 방문교육: 거동이 불편한 중증 재가 장애인을 대상 · IT 전문 인력 양성교육: IT 분야 기초소양을 갖춘 장애인을 대상으로 직무 활용이 가능한 수준의 교육을 실시 (중증 장애인에 대한 지원) · 정보화도우미 서비스: 중증 장애인의 지속적인 정보생활 지원을 위해 정보화도우미를 양성하여 전화상담, 온라인 원격서비스, 방문 서비스 및 상담
고령층 정보화 교육	· 정부는 2000년부터 고령층 정보화교육을 추진 · 집합교육: 고령층 정보화교육은 장·노년층들을 위해 접근성이 좋고 자체적으로 정보화교육장을 갖추고 있는 교육기관을 선정·지원 · 어르신 IT 봉사단: 정보활용 능력을 다시 사회에 환원하는 지식 나눔 운동
신소외계층 정보화교육	· 기존의 장애인, 고령층, 저소득층, 농어민 이외에도 새로운 정보 소외계층이 발생 · 한국정보화진흥원에서는 2004년부터 북한이탈주민들을 대상으로 정보화교육을 실시하고 있으며, 2006년부터는 결혼이민자들에 대한 정보화교육도 실시 · 2011년부터는 집합 정보화교육 외에도 한국어 및 IT 활용능력이 있는 결혼이민자를 대상으로 '다문화 IT 방문 지도사'를 양성
정보화교육 지원	· 정보화교육 강사지원단: 취약계층의 정보화교육을 위해 1997년부터 컴퓨터교육이 가능한 우수인력을 확보하여 사업을 추진 · 배움나라: 정보화교육 기반 조성을 위해 2001년 온라인 정보화교육 사이트인 '배움나라'를 구축·운영

* 출처: 『국가정보화백서』, 2008~2015 재정리

스마트시대의 정보격차 정책 연구

스마트기기의 확대와 새로운 기술과 서비스의 도입으로 인한 환경변화 속에서 정보격차 연구에서 다루어야 할 주제들은 어떤 것들이 있는지, 바람직한 정보격차 정책을 위한 정책 방향은 무엇인지 주요 쟁점들을 중심으로 살펴본다.

1) 스마트시대의 도래에 대한 다층화된 분석 필요

첫째, 스마트기기의 도입이 정보격차에 미치는 영향에 대한 중층적인 연구가 필요하다. 스마트기기와 같은 새로운 기술 발전은 새로운 정보격차의 발생 원인이라는 단선적인 영향 관계만 있는 것이 아니라 기존의 PC 중심의 격차에 영향을 미치기도 한다. 예를 들면 미국의 경우 PC에 비해 상대적으로 저렴한 저가폰의 보급은 흑인이나 히스패닉의 인종과 저소득층이 정보기기와 인터넷에 대한 접근성을 제고함으로써 인종이나 소득에 따른 정보격차를 오히려 완화시키는 효과를 가져오기도 하였다. 우리나라의 경우에도 스마트폰의 고성능 다기능성, 편리한 사용자 조작성(UI) 등은 기존의 PC시대보다 기기에 대한 접근성이나 조작 가능성을 보다 용이하게 함으로써 이메일이나 인터넷 사용, 콘텐츠 활용 등과 같은 정보활용성은 긍정적인 영향을 주게 된다. 따라서 스마트기기의 도입을 새로운 격차의 요인으로만 볼 것이 아니라 스마트기기의 확산이 미치는 복합적인 영향력을 검토하여 정보격차 정책에서 반영할 필요가 있다. 이를 통해 변화된 환경 속에서 전통적 정보화 정책이 여전히 유효한지 등을 추론할 수 있다. 예를 들면, 기존 PC 중심의 환경에서는 시설이나 기관 등을 통한 정보화교육이 매우 중요한 방법이었지만, 이러한 기기 사용을 중심으로 한 정보화교육이 스마트기기에도 여전히 유효한가에 대해 검토해보아야 할 것이다.

둘째, 정보기기 접근성과 함께 웹 접근성과 관련된 보다 확장된 논의가 필요하다. 최근 빅데이터, 사물인터넷, 클라우드 컴퓨팅과 같은 스마트기기들은 유무선 인터넷을 통해 연동되고, 해당 기기나 서비스의 이용에 있어 웹 접근성에 대한 고려를 수반하게 될 것이다.

2) 정보격차 요인에 대한 검토

우리나라의 정보격차 정책은 전통적인 취약계층(장애인, 저소득층, 농어민, 장노년층)과 신취약계층(탈북자, 결혼이민자)과 같은 특정 취약계층을 중심으로 조사가 이루어지고 있으며, 이에 기반하여 정책을 수립하고 있다. 전통적으로 정보격차와 관련된 연구들은 성별, 연령, 교육, 학력, 소득, 인종 등의 다양한 인구사회학적 요인들을 영향요인에 포함시켜 정보격차가 발생할 수 있는 다차원적인 요소들을 고려하고 있다. 이에 반해 현재 정보격차 정책은 취약계층을 설정한 후 이들에 대한 정책에 집중하고 있고, 정보통신환경의 변화에 따른 정보격차 분야의 변화 가능성을 적절하게 반영하지 못하는 측면이 있다. 따라서 현재의 정해진 카테고리 이외에도 다른 가능한 격차 요인들에 대한 포괄적이고 개방적인 조사 및 정책 검토를 통해 현재의 정책을 재검토하는 것이 필요해 보인다. 대도시와 중소도시의 격차는 여전히 존재하는지, 최근 증가하고 있는 외국인 근로자 등에 대한 정보격차 문제 등도 검토할 필요가 있다. 또한 현재 정보격차 연구는 국가수준에서 주로 수행되고 있으나 추후 광역별, 지자체별로 정보격차에 대한 연구에 기반하여 주민밀착형 정보격차 정책을 추진하는 것도 적극적으로 고려해볼 만하다. 이를 위해서 지역수준의 정보격차 조사나 자료축적, 해당 지역 및 지역 간 정보격차에 대한 연구의 수행과 정책적 함의의 도출이 유기적으로 연계될 필요가 있다.

3) 정보접근성에서 동기적 요인에 대한 검토

오늘날 일상생활에서부터 업무의 수행에 이르기까지 정보역량(digital literacy)의 중요성은 일반적으로 인정된다. 하지만 동시에 디지털기기에 둘러싸인 사회적 환경에 대한 불만과 스트레스를 동시에 호소하기도 한다. 예를 들면 노년층 중에는 스마트폰을 군이 사용할 이유가 없고, 스마트기기가 없이도 잘 살아갈 수 있음에도 불구하고 정보취약계층으로 분류되는 것에 스트레스를 느낄 수도 있다. 최근 정보기기의 접근성과 활용에 관한 동기적 요인이 다시 주목받고 있는 것은 이러한 이유이다. 다이크(van Dijk)에 의하면 정보접근성 문제의 첫 단계는 심리적·동기적 요인에 의해 발생한다. 내가 해당 정보기기의 접근성이나 활용에 대한 관심이나 유용성에 대한 동기적 요인을 고려하지 않고는 정보접근성이 갖는 함의와 정책적 제언을 제대로 파악할 수 없게 된다.

<그림 2-2> 디지털 기술 접근성의 연속성

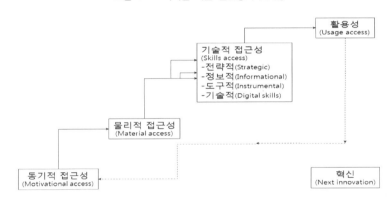

* 출처: van Dijk, 2005

4) 연구방법의 다양화

정보격차 정책에 증거기반의 타당성 있는 분석과 정책 제언이 이루어지기 위해서는 분석방법과 분석자료 차원에서 보완이 필요하다.

첫째, 분석방법에 있어 정보격차와 관련된 정부의 보고서와 정책들은 주로 해당 정책 분야에 대한 실태조사와 이를 기반으로 한 통계적 서술을 중심으로 이루어진다. 실태조사와 통계적 기술은 그 자체만으로도 매우 의미가 있는 일이기는 하나, 해당 자료들로부터 정보격차와 관련된 인과관계를 밝혀내고 증거에 기반한 보다 타당성 있는 정책을 수립하기 위해서는 분산분석이나 회귀분석, 구조방정식을 통한 경로분석과 직간접 효과분석 등이 다양하게 시도될 필요가 있다. 둘째, 분석자료에 있어 이론에 기반한 모델링을 통해 정보격차에 영향을 미치는 요인들을 도출하고, 조작적 정의를 통한 설문을 작성하여 체계적인 자료의 수집을 고려하여야 한다. 최근 정책의 효과와 평가를 위해 패널데이터를 구축하는 연구기관이 점점 더 증가하고 있다. 이러한 패널데이터는 구축과 유지가 단년도 설문보다 훨씬 더 어렵고 비용 측면에서도 높은 비용이 들지만 개인연구자 수준에서 구축하기 어렵고, 해당 정책의 횡적·종적 효과를 동시에 파악하여 성책성과와 평가에 가장 효과적인 데이터라는 점에서 고려할 필요가 있다.

5) 정보역량의 강화와 정보격차의 해소

지금까지 정보역량에 대한 주된 관심은 정보격차에 놓여 있었다. 이 경우 모든 새로운 기술과 기기, 서비스의 도입은 정보격차의 원인이 될 수밖에 없다. 하지만 다른 한편으로는 새로운 기기와 서비스의 도입은 전반적인 정보역량의 증진으로 이어질 가능성이 있다는 점을 동시에 고려하여야 한다. 즉 현대 스마트정보사회를 살아가는 데 있어 정보역량은 필수적인 사항이 될 것이며 요구되는 정보역량의 종류나 수준도 더 다양해질 것이다. 이 경우 정책의 초점도 전반적인 정보리터러시의 향상을 통해 현대 기술문명을 유용하게 활용하면서도, 이러한 격차로 인한 문제들을 해소해가는 것이 필요하다. 오프라인 부문과 마찬가지로 디지털 부문에서의 빈자와 약자에 대한 배려는 매우 중요하지만 정보역량의 전반적인 향상으로 인한 변화를 동시에 고려해야 한다. 예를 들면, 장애인의 정보역량의 증진에 의해 장애인 복지나 삶의 만족에 있어 긍정적인 변화를 일으킬 수도 있다. 이와 함께 정보소외계층에 대한 정보격차 해소라는 "기술적 정보 접근권을 강조하는 시혜적 관점에서 벗어나, 모든 국민을 정보사회의 복지 대상자로 규정하고 보편적 시민권에 입각해 하나의 인권적 권리로 접근(국가정보화백서, 2015)"하는 것이 필요할 것이다.

IT 사각지대 놓인 장애인, '신(新)정보격차' 우려

장애인 정보기술(IT) 기기 활용지수가 떨어지는 것으로 나타났다. 스마트기기로 대변하는 모바일 환경에서 활용 수준 격차는 더 크다. IT 격차를 줄이고 장애인의 사회 진출을 돕는 정책 배려가 요구된다.

<연도별 소외계층별 정보화 격차 추이>

	2011년	2012년	2013년	2014년
저소득층	81.4	82.2	83.2	85.3
장애인	82.2	83.4	83.8	85.3
장노년층	69.2	71.2	72.6	74.3
농어민	63.6	64.8	67.8	69.4

자료: NIA, 단위:%

19일 한국정보화진흥원 '정보격차지수 및 실태조사'에 따르면 2014년 기준 우리나라 장애인 정보화 수준은 85.3%다. 일반인을 100으로 놨을 때 장애인 정보화 수준은 85.3점이라는 의미다. 10년 전 57.5%보다 30% 포인트 가까이 올랐다. PC와 인터넷 보급률이 꾸준히 상승했기 때문이다.

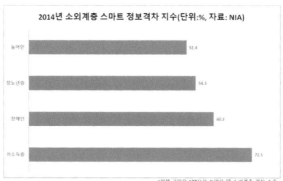

2014년 소외계층 스마트 정보격차 지수(단위:%, 자료: NIA)

농어민 51.4
장노년층 54.3
장애인 60.2
저소득층 72.5

*전체 국민을 100으로 놓았을 때 소외계층 격차 수준

문제는 스마트기기로 대변되는 모바일 환경이다. PC, 모바일 융합 환경에서 다양한 스마트기기를 활용한 정보화 활동 격차는 크다. 장애인 스마트 정보역량은 전체 국민의 60% 수준이다. 전체 국민과 비교해 모바일기기 보급률이 낮고 활용을 돕는 보조기기가 부족하다. 양질의 디지털 삶을 누리고 다양한 가치 창출에 배제된다. '신정보격차' 문제로까지 대두된다.

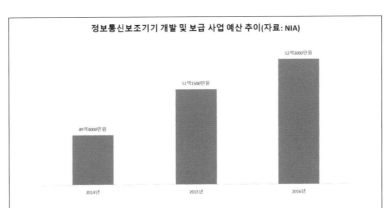

정보통신보조기기 개발 및 보급 사업 예산 추이(자료: NIA)

장애인 모바일기기 사용을 돕는 기술은 상당수 개발됐다. 한국정보화진흥원은 정보통신보조기기 개발지원 사업을 통해 2004년부터 보조기기 39개를 개발했다. 연간 50억원이 투입된다. 그중 스마트폰을 비롯한 모바일기기 사용을 지원하는 기술은 12개다. 대부분 시각, 청각 장애인을 위한 스마트폰 활용이 목적이다. 단말기에 탑재돼 장애인 전용 모바일기기로 보급된다.

<모바일 기기 관련 IT 보조기기 개발 현황(자료: NIA)>

번호	사업명
1	언어·청각 장애인 통신 중계 서비스 이용을 위한 전용 단말기 개발
2	청각, 지체 장애인을 위한 뱅킹 솔루션 탑재 영상 모바일 기기 개발
3	언어 장애인을 위한 휴대용 음성출력기 개발
4	블루투스 중계장치로 모바일 기기 연결하는 HW 및 접근 지원 앱 개발
5	무선기능 디지털 보청 수신기 및 블루투스 전용 송신기 개발 및 스마트폰 연동기술 개발
6	안드로이드 스마트폰 앱 사용 및 문자 입력에 필요한 키패드 인터페이스 개발
7	청각 장애인을 위한 차세대 영상 단말기 개발
8	iOS 및 안드로이드 스마트 기기에서 전자 문서 활용 솔루션 개발
9	지체 장애인을 위한 스마트폰 이용 환경제어 기술 개발
10	다중 스마트기기 및 연동 가능한 점자 입력장치 개발
11	시각장애인용 안드로이드 스마트폰 런처 및 사용자 인터페이스 개발
12	청각·언어 장애인을 위한 맞춤형 원격 의사소통 단말기 개발

기술은 개발됐지만 예산부족으로 보급 및 확산은 더디다. 연간 장애인 IT 보조기기 수요는 1만 대에 달한다. 현 예산으로는 4,000개밖에 공급하지 못한다.
정보화진흥원 관계자는 "많은 기술이 개발되지만 확산 적용을 위한 예산이 부족하다"며 "연간 1만 명이 넘는 수요가 있지만 현 예산으로는 절반도 못 미치는 4,000개 공급만 목표로 한다"고 말했다.
민간 기업도 고민이 크다. 장애인 대부분이 경제적으로 넉넉하지 않아 직접 보조기기를 구매하기 어렵다.
디오텍 관계자는 "점자정보단말기, 첨단문자 판독 솔루션 등을 개발했지만, 장애인이 직접 구매하는 경우는 거의 없다"며 "고가 장비다 보니 정부지원 사업에 의존할 수밖에 없어 시장형성이 어렵다"고 말했다.

한국장애인IT협회 관계자도 "IT에 소외된 장애인들은 대부분 경제적 어려움도 겪고 있다"며 "모바일기기를 구매할 여력이 된다 해도 신체적 한계 때문에 이용을 돕는 보조기기가 필요하다"고 말했다.

정용철 의료/SW 전문기자 jungyc@etnews.com

전자신문, 〈IT 사각지대 놓인 장애인, '신(新)정보격차' 우려〉
(2016.04.19.)http://www.etnews.com/20160419000292

제3장
사이버중독: 즐거움과 집착의 간극

스마트시대의 사이버중독

1) 사이버중독의 확산

정보통신기술과 인터넷의 발전으로 인한 역기능의 하나로서 온라인상에서의 중독문제가 사회적으로 문제가 되고 있다. 최근에는 인터넷의 발전과 더불어 시작된 전통적인 인터넷중독 논의뿐 아니라 스마트폰중독으로 인한 논의가 활발하다. 스마트폰의 휴대 용이성과 조작의 편이성, 다기능성과 같은 특징으로 인한 빠른 확산 속도는 중독문제를 급부상시키고 있으며, 중독의 대상도 청소년 계층뿐 아니라 유아, 성인 계층에 이르기까지 광범위한 수준에 이르고 있다. 뿐만 아니라, 인터넷이나 스마트폰과 같은 포괄적인 매체에 대한 중독문제뿐 아니라 개별 콘텐츠의 과다한 사용과 부작용이 일으키는 중독문제로서 게임중독, 온라인 도박중독, 온라인 음란물중독, SNS

중독 등도 광범위하게 논의되고 있다.

(1) 스마트폰의 등장

새로운 정보통신기기가 나타날 때마다 그만큼 생활은 편리해지고, 콘텐츠가 가진 즐거움이 우리의 생활을 여유롭게 한다. 특히 스마트폰의 등장은 우리의 생활을 완전히 바꾸어 놓았다고 해도 과언이 아니다. 스마트폰은 하드웨어적 장점(휴대전화기 기능 + 무선인터넷 + 소형 컴퓨터(고성능 CPU))과 소프트웨어적 장점(편리한 UI, 휴대성과 접근성, 어플리케이션을 통한 편이성과 확장성 등)을 동시에 가지고 있다. 특히 컴퓨터는 없어도 스마트폰은 있다고 할 정도로 폭발적인 속도로 증가하고 있으며, PC와는 달리 별도의 교육 없이 쉽게 스마트폰을 사용할 수 있다는 점이 특징이다. 더구나 인터넷 환경이 SNS, 모바일 메신저, 모바일 게임, 모바일 쇼핑 등의 변화에 따라 고정형 유선인터넷에서 무선인터넷·wifi를 통한 모바일 인터넷으로 이동하고 있다. 이 같은 상황에서 스마트폰의 보유뿐 아니라 활용시간도 비약적으로 늘어나고, 활용용도 등도 갈수록 다양해지고 있는 상황이다.

(2) 새로운 매체, 즐거움과 중독의 경계

우리는 대중화된 스마트폰과 함께 하루를 보낸다. 잠시 쉬는 시간에 우리는 스마트폰을 통해 뉴스를 검색하거나 간단한 게임을 하거나 동영상을 본다. 출퇴근 시간의 지하철이나 버스에서 스마트폰으로 시간을 보내는 사람들을 보는 것은 더 이상 낯선 일이 아니다. 직장에서 SNS와 메일을 확인하며, 퇴근해서 잠자리에 들 때까지, 그리고 침대에서도 스마트폰을 통해 음악을 듣거나 하루를 정리한다. 새로운 기기와 매체의 등장은 이제 더 이상 우리 생활과 분리하여 생각할 수 없게 되고 있다. 최근의 AR이나 VR 등과 같이 새로운 콘텐츠는 계속 개발되고 우리의 즐거움은 배가 된다.

하지만 이러한 즐거움의 다른 면에는 중독의 위험이 도사리고 있다. 새로운 미디어에 대한 긴 사용시간과 의존의 심화는 중독으로 옮아갈 위험을 안고 있다. 특히, 온라인게임이나 음란물, 온라인 도박에의 의존 심화로 인한 일상생활의 장애가 급증하고 있으며, 이러한 현상이 청소년은 물론이고 성인들에게도 빠른 속도로 확산되고 있다는 점에서 사회문제화 되고 있다.

2) 스마트폰중독의 일반적 개요

(1) 사이버중독의 개념

사이버중독과 관련하여 가장 일반적으로 사용되는 것이 인터넷중독이다. 인터넷중독에 대한 개념적 연구는 심리학적 · 병리학적인 접근에 의해 시작되었다. 인터넷중독과 관련하여 널리 알려지게 된 것은 Goldberg(1996)가 1994년에 발표된 DSM-IV(the Diagnostic and Statistical Manual for Mental Disorders, 정신장애의 진단 및 통계 편람, DSM)의 물질남용의 기준 근거로 인터넷중독 장애의 용어와 진단근거를 추가하면서이다(권재환, 2008).[6] 이후 인터넷중독과 관련된 Young(1996)의 저서는 인터넷중독을 스스로의 욕구를 제어할 수 없는 충동조절장애로 소개하면서 인터넷에 대한 강박적 사고, 금단과 내성, 과도한 인터넷 사용으로 인한 학업 · 직장 · 일상생활에서 손상이 발생하는 상태로 정의하였다. 이외에도 Griffiths(1995, 1998)은 인터넷중독을 물질이 개입되지 않은 상태에서 특정행위에 대한 중독을 행위중독의 일종으로 소개하였으며, Davis(2001)는 병적 인터넷사용(Pathological Internet Use)으로 소개하였다. 이처럼 접근방법과 개념정의의 차이는 있지만 인터넷중독을 금단과 내성, 강박적 사용과 일상생활 장애를 수반하는 증상이라는 점에서는 공통적이다. 국가정보화 기본법에 의하면 인터넷중독이란 "정보통신망을 통하여 제공되는 정보통신 서비스의 지나친 이용으로 이용자가 일상생활에서 쉽게 회복할 수 없을 정도로 신체적·정신적·사회적 기능의 손상을 입는 것(제3조 20)"을 말한다. 우리나라에서 인터넷중독과 관련된 실태조사와 예방·상담 교육을 실시하고 있는 한국인터넷진흥원(NIA)도 "인터넷중독이란 인터넷을 과다하게 사용하여 인터넷 사용에 대한 금단과 내성을 가지고 있으며, 이로 인해 이용자의 일상생활 장애가 유발되는 상태"로 정의하고 있다.

(2) 인터넷중독의 구성요소

보다 구체적으로 인터넷중독은 과다한 가상세계 지향으로 인한 금단과 내성의 경험을 동반하게 되며 이로 인하여 일상생활의 장애가 오는 상태에 이르게 되는 것이라 할 수 있다.

<표 3-1> 인터넷중독의 구성 요소

구성요소	내용
내성	· 인터넷/스마트폰을 점점 더 많은 시간 동안 사용하게 되어 나중에는 많이 사용해도 만족감이 없는 상태 · 이전과 똑같은 만족을 얻기 위해서 몰두하는 시간이 점점 늘어나고 내용도 더 자극적인 것을 찾아나서는 상태
금단	· 인터넷/스마트폰을 과다하게 사용하여, 없으면 불안하고 초조함을 느끼는 현상 · 인터넷/스마트폰을 사용하지 않을 때도 게임이나 채팅 등을 할 생각에 몰두하고 이로 인해 집중력이 떨어지는 상태
일상생활 장애	· 인터넷/스마트폰을 과다하게 사용하기 때문에 가정, 학교, 직장 등에서 문제를 일으키는 상태
가상세계 지향	· 직접 현실에서 만나서 관계를 맺기보다는 인터넷/스마트폰을 활용해서 관계를 맺는 것이 편한 상태

* 출처: 인터넷쉼센터(www.iapc.or.kr) 정리

(3) 사이버중독의 종류

인터넷이나 스마트폰을 통한 모든 활용 행태나 콘텐츠 사용을 중독이라 부를 수는 없다. 중독이란 해당 콘텐츠의 과도한 사용으로 인하여 내성과 금단, 일상생활의 장애를 유발시키게 되는 경우를 일컫기 때문이다. 이 중 중독과 관련하여 정보검색중독, 온라인게임중독, 온라인음란물중독, 온라인도박중독, 온라인채팅·SNS중독, 기타 쇼핑중독 등이 일반적으로 문제가 된다.

<표 3-2> 인터넷중독의 종류

중독의 종류	내용
정보검색중독	· 자신에게 정말 필요한 것보다 정보수집 자체에 집착에 강박적으로 웹 사이트나 자료를 검색하는 상태
온라인 게임중독	· 게임에 접속하여 자기 통제력을 잃고 병적으로 집착하여 사용하는 상태
채팅/모바일메 신저/SNS 중독	· 문자 혹은 대화에 과도하게 집착하여 심각한 사회적 정신적 육체적 및 금전적 지장을 받는 상태
음란물중독	· 섹스나 포르노 등의 내용물을 담고 있는 인터넷사이트 등을 강박적으로 계속 드나드는 상태
온라인 도박중독	· 국내외에 개설된 카지노사이트에 금전을 송금한 후 인터넷상에서 포커, 홀라 등의 게임을 하는 상태
기타 중독	· 쇼핑중독, 휴대폰중독

* 출처: 인터넷쉼센터(www.iapc.or.kr) 정리

(4) 사이버중독의 영향요인들

이러한 사이버중독의 원인은 보통 다음과 같은 몇 가지로 분류된다. 첫째, 심리적인 요인으로 우울, 자존감, 자기통제력 등의 요인이 이러한 중독과 밀접히 연관된다. 둘째, 가정 환경적 요인으로 가족의 지지나 부부관계, 부모의 통제, 부모의 양육행동 등과 같은 가족과의 관계가 사이버중독에 영향을 준다. 셋째, 친구관계나 친구의 지지와 같은 또래관계의 요인들, 넷째 학교나 직장에서 동료관계나 만족도, 스트레스 등의 요인들이 영향을 주는 것으로 나타났다. 마지막으로 인터넷 사용시간이나 접근의 용이성과 같은 인터넷 특성 변인들도 이러한 사이버중독에서 고려해야 할 요인이다.

<표 3-3> 사이버중독의 요인

요인	설명
개인의 심리적 특성	**(부정적 심리상태)** 심리적 불안: 우울, 외로움, 불안, 화 **(긍정적 심리상태)** 삶의 만족: 삶의 만족, 행복, 긍정, 절제
가족 환경	**(가족관계)** 가족관계: 관계의 즐거움, 만족, 이해, 친밀
사회적 환경	**(대인관계)** 대인관계 만족: 온라인/오프라인 만족 **(사회적 요인)** 학업(직업) 만족: 스트레스, 성취, 인정과 지지
인터넷 이용 행태	. 사용시간: 인터넷, 스마트폰 이용시간 . 콘텐츠 이용 행태 　정보검색: 뉴스검색, 학업/업무용 검색 　온라인게임중독: 온라인, 모바일 게임 　채팅/모바일메신저/SNS 중독: 메신저, SNS 　온라인 음란물: 성인용 콘텐츠 　온라인 도박: 온라인 도박 　온라인 쇼핑

1) 사이버중독 현황

현재 우리나라는 사이버중독에 관한 현황을 파악하기 위해 매년 한국정보화진흥원을 통해 인터넷중독과 스마트폰중독 실태조사를 실시하고 있다. 실태조사를 통해 인터넷중독을 파악하는 과정은 다음과 같다. 먼저, 인터넷중독을 측정하기 위해 한국정보화진흥원이 2011년 개발한 표준화된 한국형 인터넷중독 척도인 K-척도를 사용한다. 이 척도는 대상 집단에 따른 중독도를 적용하기 위하여 유아용(관찰자용), 청소년용, 성인용으로 나누어 측정되고 있으며 각 15문항으로 구분된다. 둘째, 스마트폰중독 정도를 측정하기 위해 한국정보화진흥원이 2011년 개발한 스마트폰중독 척도인 S-척도를 사용하고 있다. 이 설문은 청소년용, 성인용으로 나누어져 있으며 각 15

문항씩으로 구성되어 있다. 둘째, 구성된 척도를 사용하여 설문조사를 실시한다. 15개의 문항을 4점 likert 척도(1점: 전혀 그렇지 않다, 2점: 그렇지 않다, 3점: 그렇다, 4점: 매우 그렇다)로 설문하여, 15문항의 총점과 요인별 점수를 사용하여 중독에 관한 진단을 결정하게 된다. 셋째, 인터넷중독 및 스마트폰중독 진단결과를 이용해 인터넷/스마트폰 이용자를 고위험, 잠재적 위험, 일반 사용자군으로 분류하고 있으며, 이 중 고위험군과 잠재적 위험을 인터넷·스마트폰 중독으로 구분하고 있다.

<표 3-4> 스마트폰중독 현황

스마트폰중독		2011			2012			2013			2014		
		인터넷중독률	고위험사용자군	잠재적위험사용자군	인터넷중독률	고위험사용자군	잠재적위험사용자군	인터넷중독률	고위험사용자군	잠재적위험사용자군	인터넷중독률	고위험사용자군	잠재적위험사용자군
전체		8.4	1.2	7.2	11.1	1.9	9.2	11.8	1.3	10.5	14.2	2.0	12.2
연령별	청소년(만 10~19세)	11.4	2.2	9.2	18.4	2.7	15.7	25.5	2.4	23.1	29.2	3.3	25.9
	성인	7.9	1.0	6.9	9.1	1.7	7.4	8.9	1.0	7.9	11.3	1.8	9.5
	20대	10.4	1.2	9.2	13.6	2.9	10.7	15.0	2.0	13.0	19.6	3.1	16.2
	30대	7.2	1.4	5.8	8.1	1.1	7.0	8.2	1.0	7.2	11.3	1.7	9.6
	40대	3.2	0.0	3.2	4.2	0.9	3.3	5.0	0.3	4.7	7.9	1.1	6.8
	50대							5.0	0.3	4.7	4.8	0.8	4.0
성별	남자	8.2	1.1	7.1	11.3	2.2	9.1	12.5	1.2	11.3	14.6	2.2	12.4
	여자	8.6	1.3	7.3	10.9	1.6	9.3	11.2	1.4	9.8	13.8	1.8	12.0
직업별	전문/관리직							10.2	0.9	9.3	11.8	1.5	10.3
	사무직							10.0	1.2	8.8	11.0	1.7	9.3
	서비스/판매직							6.6	0.8	5.8	9.0	1.3	7.7
	농/임/어업							7.5	3.5	4.0	7.3	1.5	5.8
	생산관련직/기타							10.4	1.0	9.4	11.7	1.1	10.6
	전업주부							5.0	0.6	4.4	5.9	1.1	4.8

학생(성인)			18.1	2.0	16.1	20.5	3.2	17.3
무직			16.5	4.6	11.9	18.3	5.1	13.2
소득별	200만 원 미만	전체	12.0			15.4		
		청소년	22.1	2.2	20.0	27.9	3.0	24.9
		성인	10.1	1.5	8.6	13.2	1.9	11.3
	200~4 00만 원 미만	전체	11.5			14.4		
		청소년	25.3	2.4	22.9	30.3	3.9	26.4
		성인	8.2	1.0	7.2	10.9	2.0	8.9
	400~6 00만 원 미만	전체	12.0			13.6		
		청소년	26.8	2.3	24.5	27.4	2.7	24.7
		성인	9.1	0.9	8.2	10.8	1.5	9.3
	600만 원 이상	전체	12.9			15.5		
		청소년	22.3	2.2	20.1	33.5	2.6	30.9
		성인	11.6	1.4	10.2	13.3	2.0	11.3

주: 1) 인터넷중독률(중독위험군의 비율)=고위험사용자군+잠재적사용자군
2) 고위험사용자군: 인터넷(및 스마트폰) 사용에 대한 금단과 내성 증상을 보이며 이로 인한 일상생활 장애발생
3) 잠재적사용자군: 인터넷(및 스마트폰) 사용에 대한 금단, 내성, 일상생활 장애 중 한 가지 이상의 증상 경험, 인터넷(및 스마트폰) 사용조절력 감소, 이에 따른 심리적 사회적 기능저하
4) 일반사용자군: 인터넷을 이용목적에 맞게 사용 조절

* 출처: 한국정보화진흥원

(1) 인터넷중독 현황

우리나라의 인터넷중독 현황을 살펴보면 인터넷중독률은 7% 내외로 나타났다. 2011년 7.7%로 나타난 후, 2012년 7.2%, 2013년 7.0%, 2014년 6.9%로 조금씩 낮아지는 경향을 보이고 있다. 연령별로는 청소년과 20대가 상대적으로 높은 중독률을 나타내는데 10명 중 1명 이상 꼴로 인터넷중독 문제를 겪고 있는 것으로 나타났다. 성별로는 남자가 여자보자 중독률이 더 높으며 스마트폰을 이용하는 성인과 청소년이 그렇지 않은 집단에 비해 인터넷중독률이 높은 것으로 나타났다.

<표 3-5> 인터넷중독 현황

인터넷중독		2011			2012			2013			2014		
		인터넷중독률	고위험사용자군	잠재적위험사용자군	인터넷중독률	고위험사용자군	잠재적위험사용자군	인터넷중독률	고위험사용자군	잠재적위험사용자군	인터넷중독률	고위험사용자군	잠재적위험사용자군
전체		7.7	1.7	6.0	7.2	1.5	5.7	7.0	1.7	5.3	6.9	1.8	5.1
연령별	유아동 (만 3~9세)	7.9	1.0	6.9	7.3	0.8	6.5	6.4	0.8	5.6	5.6	0.9	4.7
	청소년 (만 10~19세)	10.4	2.9	7.5	10.7	2.8	7.9	11.7	2.8	8.9	12.5	2.9	9.6
	성인	6.8			6.0			5.9			5.8		
	20대	9.2	2.1	7.1	9.0	2.2	6.8	9.5	2.7	6.8	11.6	3.7	7.9
	30대	6.9	1.4	5.5	5.2	0.9	4.3	5.6	1.4	4.2	6.0	1.9	4.1
	40대	4.7	0.8	3.9	4.0	0.5	3.5	3.4	0.5	2.9	3.6	0.7	2.9
	50대							3.8	0.8	3.0	2.5	0.3	2.2
성별	남자	9.1	2.2	6.9	8.5	2.0	6.5	7.8	2.1	5.7	7.8	2.2	5.6
	여자	8.9	1.2	5.0	5.8	1.0	4.8	6.1	1.1	5.0	5.9	1.3	4.6
직업별	전문/관리직	4.2	0.4	3.9	6.0	2.0	4.0	7.1	1.1	6.0	6.9	1.8	5.1
	사무직	5.4	0.8	4.6	5.3	0.6	4.7	6.7	1.7	5.0	6.1	1.9	4.2
	서비스/판매직	6.7	1.4	5.3	5.5	1.1	4.4	3.9	1.0	2.9	4.1	1.0	3.1
	농/임/어업	2.5	0.0	2.5	8.2	3.1	5.1	3.4	0.8	2.6	3.0	0.3	2.7

	생산관리직	8.2	2.7	5.5	4.8	1.2	3.6	7.6	1.7	5.9	5.3	1.0	4.3
	전업주부	6.1	1.2	4.9	3.7	0.4	3.3	3.8	0.5	3.3	2.7	0.5	2.2
	학생	10.3	2.4	7.9	10.1	2.2	7.9	12.4	3.2	9.2	12.5	3.3	9.2
	무직/기타	10.1	6.0	4.1	8.0	3.8	4.2	12.3	6.5	5.5	11.4	5.3	6.1
스마트폰이용여부	스마트폰이용-청소년	12.7	3.3	9.4	11.6	3.0	8.6	11.6	2.7	8.9	12.3	2.6	9.7
	스마트폰이용-성인	8.6	1.9	6.7	6.5	1.3	5.2	6.3	1.7	4.6	6.5	1.4	5.1
	스마트폰비이용-청소년	9.7	2.8	6.9	8.9	2.5	6.4	12.0	3.3	8.7	8.6	2.4	6.2
	스마트폰비이용-성인	5.4	1.0	4.4	4.2	0.5	3.7	4.4	0.6	3.8	3.4	1.7	1.7

주: 1) 인터넷중독률(중독위험군의 비율)=고위험사용자군+잠재적사용자군
　 2) 고위험사용자군: 인터넷(및 스마트폰) 사용에 대한 금단과 내성 증상을 보이며 이로 인한 일상생활 장애발생
　 3) 잠재적사용자군: 인터넷(및 스마트폰) 사용에 대한 금단, 내성, 일상생활 장애 중 한 가지 이상의 증상 경험, 인　터넷(및 스마트폰) 사용조절력 감소, 이에 따른 큰 심리적 사회적 기능저하
　 4) 일반사용자군: 인터넷을 이용목적에 맞게 사용 조절

* 출처: 한국정보화진흥원

(2) 스마트폰중독 현황

2010년대 이후 스마트폰이 본격 확산되어 감에 따라 스마트폰 사용으로 인한 중독문제가 사회문제로 등장하게 되었다. 이에 우리나라는 2011년부터 스마트폰중독 실태조사를 통해 스마트폰중독을 측정하고 있다(2011, 2012년 직업별, 소득별 자료 없음).

스마트폰 중독률은 2011년 8.4%를 시작으로 매년 조금씩 증가하고 있으며, 2014년에 중독률은 14.2%이다. 연령별로는 청소년 계층과 20대 계층이 매우 높고 나타나고 있다. 성별로는 여자보다 남자가 더 높게 나타났다.

스마트폰중독과 인터넷중독을 비교하면 스마트폰 중독률이 절대수치에서도 높을 뿐만 아니라 인터넷중독이 매년 조금씩 낮아지고 있는 것에 비하여 스마트폰중독은 매년 증가하는 것을 볼 수 있다.

특히 청소년의 경우 중독률이 거의 30%에 육박하고 있어 스마트폰 중독으로 인한 문제가 심각해지고 있다.

2) 사이버중독 정책

(1) 추진체계 및 법제도
가. 추진체계: 관계부처 합동

인터넷중독 문제에 효과적으로 대응하기 위해 미래창조과학부, 교육부, 법무부, 국방부, 문화체육관광부, 보건복지부, 여성가족부, 방송통신위원회의 8개 부처가 공동으로 정책을 마련 추진하고 있다. 미래창조과학부 장관은 3년마다 관계 중앙행정기관의 장과 협의하여 인터넷중독의 예방 및 해소를 위한 종합계획을 수립하여야 하며 (국가정보화 기본법 제30조 제1항), 미래창조과학부 장관 및 관계 중앙행정기관의 장은 매년 종합계획에 따라 인터넷중독의 예방 및 해소를 위한 추진계획을 수립·시행하여야 한다(국가정보화 기본법 제30조 제2항).

<표 3-6> 사이버중독 대응 부처

담당 부서	담당 업무
미래창조과학부 정보통신정책실 정보보호정책관 정보활용지원팀	·정보 문화의 창달 및 확산 시책의 수립·시행 ·인터넷·스마트폰 중독 예방 및 해소에 관한 계획의 수립·시행 ·정보문화의 확산, 인터넷·스마트폰 중독 및 정보격차 해소와 관련된 기관·단체의 육성·지원 ·정보문화 관련 정책연구 및 교육·홍보 ·인터넷·스마트폰 중독 예방 및 해소를 위한 교육, 상담, 전문인력 양성 및 홍보에 관한 사항 ·인터넷·스마트폰 중독 예방 및 해소를 위한 관련 제도 운영·개선 ·인터넷·스마트폰 중독 예방 및 해소를 위한 인프라 구축
여성가족부 청소년가족정책실 청소년보호환경과	·청소년 보호 관련 업무의 총괄 및 계획의 수립·시행 ·청소년 유해매체물의 자율규제 및 개선활동 지원에 관한 사항 ·청소년의 건전한 매체활용 능력증진 및 건전한 매체문화 조성 등에 관한 사항 ·청소년 인터넷중독 등 매체물 역기능 피해의 예방·치료 및 재활 지원 등에 관한 사항
여성가족부 청소년가족정책실 청소년매체환경과	·청소년 유해매체 환경 개선에 관한 기본계획의 수립·시행 ·청소년 대상 인터넷게임 제공 시간제한 제도 등의 운영 및 평가에 관한 사항 ·청소년 인터넷중독 등 매체물 역기능 피해의 예방·치료 및 재활 지원 등에 관한 사항

나. 사이버중독 관련 법제도: 국가정보화 기본법

우리나라는 국가정보화 기본법의 규정을 통해 인터넷중독의 예방 및 해소 관련 내용을 실고 있다. 주요내용을 정리하면, 첫째, 미래창조과학부 장관은 관계기관 장과 협의하여 인터넷중독의 예방 및 해소를 위한 종합계획을 수립하고, 미래창조과학부 장관과 관계 중앙 행정기관은 매년 종합계획에 따라 추진계획을 수립·시행하도록 하였다(제30조). 둘째, 인터넷중독의 예방 및 해소에 필요한 조치를 한 정보통신서비스에 대해 그린인터넷인증제도를 마련하여 운영하고 있다. 셋째, 인터넷중독의 예방 및 해소를 위해 인터넷중독대응센터를 국가나 지방자치단체가 설치 운영하여 인터넷중독자에 대한 상담 및 치료, 인터넷중독 예방 및 해소에 관한 교육·홍보, 그 밖에 인터넷중독의 예방 및 해소를 위하여 필요한 사업 등의 업무를 수행하도록 하였다. 넷째, 인터넷중독 예방 및 해소와 관련된 전문인력의 양성에 필요한 정책을 시행토록 하였다. 다섯째, 국가기관 및 지방자치단체는 인터넷중독의 예방 및 해소를 위하여 유치원, 초중등학교, 고등학교, 기타 공공기관에 교육을 실시하도록 하고 있다.

(2) 주요 정책
가. 인터넷중독 예방 및 해소 정책 개요

우리나라는 인터넷과 스마트기기의 확산과 이에 대한 과도한 의존이 가져오는 중독문제를 해소하기 위해 지속적으로 정책을 펼쳐왔다. 2010년에는 제1차 인터넷중독 예방 및 해소 종합계획(2010~2012)에 이어 2013년에는 제2차 인터넷중독 예방 및 해소 종합계획(2013~2015)을 수립하였다. 종합계획을 구체적으로 수행하기 위하여 매년 관계 부처 합동으로 추진계획을 수립하고 있다. 이러한 인터넷중독 정책은 예방, 교육, 상담, 치료, 사후 관리의 다양한 차원에서 이루어지고 있다. 이를 통해 유아·청소년·성인 등 대상별 맞춤형 교육을 위해 교육현장에 전문강사를 파견하고, 건강한 미디어 이용문화 정착을 위해 '스마트 미디어 청정학교'를 선정·지원하며, 인터넷·스마트폰 중독척도를 개발하는 한편 상담프로그램을 운영하고 있다. 또한 2002년부터 인터넷중독대응센터(스마트쉼센터)를 설립하여 예방교육, 콘텐츠 개발·보급, 전문인력 양성 등의 사업 실시하고 있다.

나. 제2차 인터넷중독 예방 및 해소 종합계획

우리나라는 국가정보화 기본법 제30조(인터넷중독의 예방 및 해소계획 수립 등)에 근거하여 관계부처 합동으로 인터넷중독 예방 및 해소에 관한 정책을 실시해오고 있다. 2010년 제1차에 이어 2013년에 제2차 인터넷중독 예방 및 해소 종합계획이 수립되었다. 종합계획은 '건강하고 행복한 인터넷 이용생활 구현'을 정책비전으로 '인터넷 이용 조절 능력 배양 및 회복기능 촉진'을 정책목표로 하고 있다. 이를 위해 미디어 변화대응(중독적 스마트미디어 생태환경 분석을 통한 콘텐츠 및 기기별 선제대응), 생애주기별 차별화(유아동-청소년-성인의 정책대상별 목표 차별화를 통한 서비스 체감도 질적 향상), 거버넌스 활성화(서비스 체계와 지원 체계 간 협력 생태환경 구축을 통한 수직적·수평적 거버넌스 활성화)의 추진전략하에 예방교육(Compulsory prevention), 전문상담(Healing), 전문치료(Aid), 사후관리(Needs evaluation), 협력체계(Governance), 정책기반(Environment)의 6개 정책영역에서 정책을 마련하고 있다.[7]

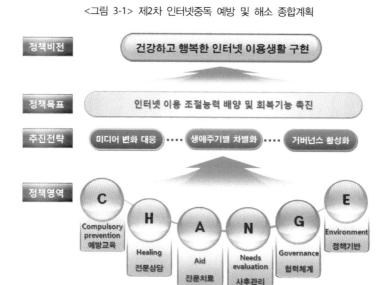

<그림 3-1> 제2차 인터넷중독 예방 및 해소 종합계획

* 출처: 미래창조과학부 외, 〈제2차 인터넷중독 예방 및 해소 종합계획(안)〉

다. 2015년 인터넷중독 및 해소 추진계획

종합계획에 따라 2015년에 수립·시행된 추진계획은 예방교육 다변화와 자율개선 인식강화, 중독유형별 발굴·전문상담·치유 연계 강화, 민·관 서비스 연계와 전문시설 운영 강화 등에 역점을 두어 추진하였다. 첫째, 예방 측면에서는 연령별·계층별 수요특성을 고려한 예방교육 다변화, 학부모 교육 강화 및 시청각 교육 지원, 대국민 인식 개선 및 자율 실천운동 확산에 중점을 두었다. 둘째, 상담·치료 측면에서는 전문 상담센터를 통한 중독유형별(SNS, 게임 등) 발굴·상담 강화, 청소년 중독위험군 등 맞춤형 치유 프로그램 운영, 고위험군 및 공존질환 보유 청소년 병원치료 연계를 지원하였다. 셋째, 협력체계 측면에서 상담·연구 전문기관 간 기술지원 등

협력 활성화, 관계부처 간·민관 간 협의체 구성·운영 등 공동 대응 강화, 인터넷중독 정책발굴 등을 위한 글로벌 협력기반을 구축하였다. 넷째, 기반구축 및 인프라 측면에서는 전문시설 구축 확대 및 상담인력 양성, 중독 대응 제도 운영 및 기술적 조치, 스마트폰 진단척도 고도화 등 기초연구 기술개발을 확대에 중점을 두어 사업을 추진하였다.

<표 3-7> 2015년 인터넷중독 예방 및 해소 추진계획 세부내용

1. 예방교육 다변화를 통한 중독위험 사전 차단
1-1. 연령별·계층별 예방교육 다변화
유아동 대상 눈높이 예방교육 운영【미래부】
문화콘텐츠 활용 게임과몰입 예방 프로그램 운영【문체부】
전문강사 파견을 통한 생애주기별 중독 예방교육 실시【미래부】
비행청소년 및 군장병 대상 예방교육 실시【법무부, 국방부, 미래부】
1-2. 학부모 교육 강화 및 시청각 교육 지원
유아 누리과정 내 교육운영 및 부모교육 지원【복지부, 교육부, 여가부】
유치원·학교 현장 및 가정에서의 시청각교육 지원【미래부】
1-3. 대국민 인식 개선 및 실천운동 확산
중독예방 실천 강화를 위한 캠페인 전개【미래부, 여가부, 문체부, 교육부】
학교 자율적인 중독예방 실천운동 활성화 유도【미래부, 교육부】
2. 중독유형별 상담(치유)-치료연계 강화
2-1. 중독유형별(SNS, 게임 등) 발굴·상담 강화
중독위험 청소년 및 공존질환자 발굴【여가부, 교육부】
지역별 상담기관을 통한 전 방위적 상담서비스 강화【미래부, 여가부, 복지부】
중독 전문상담 매뉴얼 및 프로그램 개발·보급【미래부, 여가부】
2-2. 맞춤형 치유 프로그램 운영
청소년 대상 기숙형 학교, 캠프 등 특화프로그램 운영【여가부】
대안활동 등 맞춤형 치유 프로그램 운영【미래부, 복지부】
2-3. 중독 고위험군 치료 연계
중독 고위험군 치료·사후관리 연계 강화【여가부】
공존질환 보유 청소년에 대한 병원치료 지원【여가부】

3. 민·관 협력체계 강화 및 공동 대응

	중독대응 전문기관간 협력 활성화【미래부, 교육부, 여가부, 문체부, 복지부, 방통위】
	인터넷중독 관계부처 간, 민관 간 결속력 강화【미래부 등 8개 부처】 - 인터넷중독 정책협의회
	중독 유관 국제학회와 정책 공유 등 글로벌 협력 추진【미래부】 - 인터넷중독국제학회(ISIA)와 공동 연구 및 협력

4. 중독 대응기반 구축 및 인프라 조성

4-1. 전문시설 구축 확대 및 상담인력 양성	
	현장밀착형 대응 강화를 위한 중독대응센터 구축 확대【미래부】
	지역사회 치유·병원치료 인프라 확충【여가부, 복지부, 문체부】
	중독 대응기반 마련을 위한 상담인력 지속 양성【미래부, 여가부】
	교사 역량강화를 위한 직무연수 교육 실시【복지부, 교육부, 문체부, 미래부】
	인터넷중독 전문상담사 자격제도 운영【미래부】
4-2. 중독 대응 제도 운영 및 기술적 조치	
	건전한 인터넷게임 이용문화 정착을 위한 제도 운영【여가부, 문체부】
	유해정보 차단 SW 보급 및 '사이버안심존' 운영 확대【방통위, 교육부】
	음란물 차단 SW 설치 및 음란물 유통 방지 조치 의무화【방통위】
	그린인터넷인증 운영을 통한 민간의 자율노력 유도【미래부】
4-3. 기초연구 강화 및 기술개발 확대	
	스마트폰중독 진단척도(S-척도) 개편 및 보급【미래부】
	중독(과몰입) 대응정책 연구 및 프로그램 개발【미래부, 문체부, 교육부】
	과학적인 중독 대응정책 추진을 위한 연구 강화【미래부, 복지부】
	2015년 인터넷·스마트폰 중독 및 게임 과몰입 실태조사 실시 【미래부, 여가부, 문체부, 교육부】

스마트시대의 사이버중독 정책

1) 스마트시대의 사이버중독 정책

　지금까지 인터넷중독 연구의 흐름을 살펴보면 심리적 연구에서 출발, 가족 변인의 추가, 사회환경 요인의 종합적 분석으로 진행되어 왔으며(남영옥, 2005), 매체의 특성이나 인터넷 이용의 활용 행태에 따른 요소를 고려하지 않은 경우가 많았다. 인터넷중독을 연구하는 분야는 심리학/의학 분야에서 시작하여 교육학 분야에서 청소년의 성장과 관련된 연구에서 주로 다루어져 왔다. 최근 인터넷중독에 대한 사회적 문제가 활발하게 논의되고 있음에도 불구하고, 아직 행정학이나 정책학 분야에서 해당 주제에 대한 논의는 거의 다루어지고 있지 않고 있어, 정책학/행정학 분야에서 인터넷중독 문제에 대한 주의를 환기하고, 인터넷중독의 영향요인 및 효과, 예방과 치료를 위한 논의를 다루는 것이 필요한 시기라 할 수 있다.

(1) 연구대상의 확장

인터넷중독 관련 정책 대상의 확대가 필요하다. 지금까지의 인터넷중독 정책의 주 대상은 청소년과 학생을 대상으로 하고 있다. 성인과 유아에 대한 정책으로 최근 실태조사의 폭을 확대하고 있는 것은 바람직하다. 그러나 여전히 정책은 청소년의 중독에 초점이 맞추어져 있다. 실태조사를 넘어 유아와 성인을 대상으로 한 정책대상에 대한 이해와 대상의 특징을 고려한 연구가 필요하다 할 것이다. 특히, 최근 몇 년 간 인터넷중독의 문제가 유아동까지 확장되고 있다. 시기적으로는 스마트폰이 활성화되던 2000년대 후반부터 유아동의 스마트폰에 대한 과몰입이 문제화되면서 인터넷중독 논의에 유아동이 본격적으로 언급되기 시작하고 있지만 이런 다양한 연령 계층으로 확산 문제에 대해 좀 더 심도 깊은 연구가 필요하다.

(2) 정책 범위의 확대

인터넷중독 정책의 범위 확대가 필요하다. 즉 예방(예방교육, 인식제고)-상담-치료-사후관리로 이어지는 인터넷중독에 대한 전 주기적 정책이 필요하다. 현재 정책은 추상적으로는 고려되고 있지만 해당 정책이 전 주기적으로 유기적으로 연계되고 있는지는 불명확하다. 이를 위해서는 해당 정책들의 효과에 대해 실증적인 분석을 통해 체계적으로 접근해야 할 것이다.

(3) 정책의 유형화 및 세분화

사이버중독에 대한 유형의 세분화 및 유형별 정책 접근이 필요하다. 현재 사이버중독에 대해서는 일반적으로 인터넷중독으로 대표되고, 이에 따라 정책이 마련되고 있다. 하지만 인터넷중독 이외 게임중독, SNS중독, 인터넷 음란물, 사이버도박 등 다양한 종류의 사이버중독에 대한 연구 확장이 필요하며, 각각의 중독에 대해 정책적 접근을 달리 할 필요가 있다.

(4) 미디어의 올바른 사용과 균형

균형 잡힌 인터넷중독 정책을 위해 스마트폰중독 예방뿐 아니라 미디어의 올바른 활용에 대한 연구가 체계적으로 이루어질 필요가 있다. 미디어 사용에 대한 부정적 측면만을 강조하는 중독은 새로운 매체와 서비스에 대한 부정적인 인식을 심화시킬 우려가 있다. 따라서 매체의 적절한 활용이 주는 긍정적인 측면에 대한 고려가 필요할 것이다. 새로운 매체와 콘텐츠가 끊임없이 생겨나는 상황에서 금지가 능사는 아닐 것이다. 오히려 새로운 매체를 활용한 소통과 참여의 장으로서 인터넷을 위해 인간의 조절 능력과 올바른 사용법을 확산하며, 인터넷 윤리와 인터넷 문화의 확산과 연계할 필요가 있다.

• 쉬어가기 •

'용돈벌이'로 시작했다 어느새 '빚더미'
[한라포커스] 사이버공간에서 흔들리는 아이들 - (상)인터넷 도박중독

도박 빚에 내몰리고 황폐화…… 문제 심각
갈취·폭력 등으로 연결되는 사례도 많아
예방·상담·치료 가능 기관 제주는 없어

제주의 청소년들이 사이버공간에서 흔들리고 있다. 단순히 인터넷 게임을 하느라 시간을 보내는 것을 넘어선 지 오래다. 자신도 모르는 사이에 인터넷 도박·유해사이트·1인방송 등에 중독되고 있지만 학부모와 교사들은 심각성을 인지하지 못하고 있는 실정이다. 심지어 자금을 마련하기 위해 사기범죄까지 저지르는 경우도 적잖다. 별다른 죄의식 없이 친구를 따라 하고 또 다른 친구가 다시 이를 따라 하는 악순환의 고리 속에 청소년들이 인터넷 도박의 늪으로 빠지고 있다. '우리 아이는 절대 아니다'라는 인식으로 아이들을 방치한다면 흔들리는 아이들을 잡아줄 '골든타임'을 놓칠지 모른다. 본보가 실제 전문가 대담, 청소년 밀착 취재 등을 통해 현황을 파악하고 이에 대한 대안을 모색한다. <편집자 주>

"게임인 줄 알고 시작해서 나중에 인터넷 도박이라는 것을 알았지만 이미 아르바이트해서 번 돈을 모두 날린 다음이었어요."
고교생 A군은 자신도 모르는 사이에 아르바이트 해서 모은 돈 150만 원을 인터넷 도박 베팅으로 이틀 만에 다 날렸다. 하지만 A군은 아직도 '한방'을 믿고 있다. 김관형 중앙고등학교 학생생활지도 담당교사는 아이들에게 '인터넷 도박'의 해악성을 가르치려 했지만 아이들의 이 같은 생각에 어려움을 겪고 있다.
김 교사는 "한 달에 두 번 학생지도 교사협의회가 있는데 인문계·실업계 할 것 없이 문제의 심각성이 드러난다. 겉으로 착하고 말 못하는 조용한 학생도 인터넷 도박 문제로 상담센터를 찾은 사례도 있다"고 말했다.
실제 기자가 PC방과 학원가 등에서 만난 학생들에 따르면, '도박으로 인식하지 않는 것' 중에는 '네**', '돌*' 등 사이트가 있다. 이것들은 로그인하면 수십 개의 사이트에서 '0을 충전하면 00을 더 주겠다'는 메시지가 온다. 충전한다는 표현은 돈을 입금시키면 게임머니를 확보하는 것이고 그 메시지를 보면 아이들은 더 끌리게 된다.
B군은 "가장 간단한 도박게임은 한 게임이 끝나는데 15~30초밖에 걸리지 않아요. 홀짝 게임, 레이싱 등은 게임같이 보이고 아이들이 대부분 새벽시간에 접속하기 때문에 부모들은 알지 못한다"고 털어놨다.
더욱이 학생들 사이에는 일명 '타짱', '타순이'라는 고수가 존재해 조언하고 게임에서 돈을 따면 수수료를 받는 경우도 적지 않다. 이들은 다른 학생들의 돈을 모아 게임을 대신해달라고 하기도 한다. 실제 제주시 지역 유명한 학생에게 다른 학교 학생들까지 돈을 보낸 사례가 적발돼 조사받기도 했다.
특히 학생들은 스포츠 관련 도박에도 깊이 빠져들고 있다. '스포츠 토토복권' 구입도 미성년자의 경우 불법이지만 아이들은 스포츠로 인식하고 있는 상황이다.
전문가들은 가장 심각한 것은 청소년들이 '빚'에 내몰리고 있다는 것이라고 지적했다. 우정애 인터넷중독센터 소장은 "처음에는 5,000원으로 출발해 많게는 수천만 원까지 도박 빚을 진 경우도 있다. 일부 부모는 아이들의 도박 빚을 해결하고 상담센터로 찾아오지만 그렇지 못한 경우 아이들은 빚 때문에 황폐화되고 있다"고 전했다.

이처럼 빚이 있는 아이들은 친구들에게 높은 이자를 주고 돈을 빌리면서 갈취·폭력 등으로 연결되는 사례도 비일비재한 상황이다.

더욱 심각한 문제는 이런 도박을 경험한 청소년 중 상당수는 속칭 '먹튀(배당금을 주지 않고 사이트를 폐쇄하는 행위)'의 피해자가 되거나 범죄 가해자가 된다는 점이다.

인터넷 도박을 해온 중학생 C군은 최근 두 차례나 '먹튀'를 당해 배당금을 몽땅 잃었다. 이 군은 스마트폰을 중고 거래 사이트에서 팔아 마련한 40만 원도 도박으로 잃었다. 학생들이 도박 사이트 결제를 하는 경우 물품을 팔 것처럼 해서 도박 사이트 계좌로 입금하도록 하는 사례도 늘고 있다.

우 소장은 "부모는 아이들의 도박 빚을 갚아주면 다시 하지 않을 것이라 생각하지만 다시 한다. 그래서 사후관리가 중요하고 예방·상담·치료가 가능한 대안이 필요하지만 제주에는 그것을 담당하는 기관이 없다"고 지적했다.

이현숙·채해원·강경태 기자, 이현숙 기자 hslee@ihalla.com
입력: 2016.02.01.

제4장
사이버폭력과 인터넷 윤리: 인터넷으로 숨어드는 폭력

01
스마트시대의 사이버폭력

1) 사이버폭력의 등장

IT의 발달은 인간을 행복하게 할까? 인터넷으로 연결된 초연결사회의 도래에 따라서 우리의 삶은 온라인으로 보다 깊숙하게 스며들고 있다. 스마트 기술의 발전은 우리에게 편리한 서비스를 제공하지만, 한편으로 온라인에서의 불평등, 불법행위, 불신, 중독 등의 문제로 우리의 삶을 위협하고 있다. 최근 청소년집단에서 성인에 이르기까지 각종 사회문제로 언급되고 있는 사이버폭력은 대표적인 예라 할 수 있다.

사이버폭력이 무엇인가에 대한 개념은 아직 명확하게 정의되어 있지 않다. 하지만 일반적으로 정보기기나 디지털기기를 활용한 타인에 대한 괴롭힘 행위라는 점에서 공통적이라 할 수 있다. 유사한 개념으로 사이버불링의 용어는 좁은 의미에서는 온라인 공간에서의 따돌림을 지칭하는 용어이지만, 넓은 의미에서 사이버공간에서 발생하는 폭력 행위의 일반을 사이버불링이라고 지칭한다(강경래, 2015). 오늘날 사이버폭력의 문제는 국내외를 불문하고 심각한 사회문제로 대두되고 있다. 한국인터넷진흥원(KISA)의 2014년 사이버폭력 실태조사에 의하면 초중고(초4~고3) 학생의 14%가 최근 1년간 사이버폭력을 가한 경험이 있으며, 학생 19%가 사이버폭력을 당한 경험이 있다고 한다(KISA, 2014).

2) 사이버폭력의 일반적 개요

(1) 사이버폭력의 개념

사이버폭력에 대한 일치된 정의는 존재하지 않으며, 일반적으로 사이버따돌림이나 사이버범죄 등의 용어와 유사하게 사용된다. 학교폭력예방 및 대책에 관한 법률은 사이버따돌림이란 용어를 사용하면서 "인터넷, 휴대전화 등 정보통신기기를 이용하여 학생들이 특정 학생들을 대상으로 지속적, 반복적으로 심리적 공격을 가하거나, 특정 학생과 관련된 개인정보 또는 허위사실을 유포하여 상대방이 고통을 느끼도록 하는 일체의 행위(제2조)"로 규정하고 있다. 사이버상에서 일어나는 불법행위와 관련한 광범위한 개념으로 사이버범죄가 있다. 사이버범죄는 컴퓨터를 이용하여 인터넷공간(사이버공간)에 접속해 있는 상황에서 또는 접속 상황에서 획득한 정보의 이용과정에서 발생하는 범죄(정태석·설동훈, 2004)로 정의된다. 이 글에서는 주로 사이버언어폭력이나 사이버따돌림, 사이버스토킹, 사이버명예훼손, 신상정보유출, 사이버성희롱과 같은 사이버상에서 일어나는 불법유통 정보의 범위에서 사이버폭력을 살펴본다.

(2) 사이버폭력의 종류

현재 사이버폭력에 관한 공식적 개념이 없기 때문에 그 유형이나 범위도 차이가 있다. 먼저, 정보통신망 이용촉진 및 정보보호 등에 관한 법률 제44조의 7의 불법정보의 유통금지 등에 관한 조항을 보면 "누구든지 정보통신망을 통하여 다음 각 호의 어느 하나에 해당하는 정보를 유통하여서는 아니 된다"고 규정되어 있다. 이러한 종류에는 첫째, 음란한 부호·문언·음향·화상 또는 영상을 배포·판매·임대하거나 공공연하게 전시하는 내용의 정보로 되어 있는데, 사이버음란물에 해당되는 것이라 할 수 있다. 둘째, 사람을 비방할 목적으로 공공연하게 사실이나 거짓의 사실을 드러내어 타인의 명예를 훼손하는 내용의 정보를 규정하고 있으며, 사이버명예훼손에 해당되는 사항이다. 셋째, 공포심이나 불안감을 유발하는 부호·문언·음향·화상 또는 영상을 반복적으로 상대방에게 도달하도록 하는 내용의 정보를 규정하고 있으며, 사이버스토킹으로 지칭할 수 있다. 넷째, 정당한 사유 없이 정보통신시스템, 데이터 또는 프로그램 등을 훼손·멸실·변경·위조하거나 그 운용을 방해하는 내용의 정보, 다섯째, 청소년 보호법에 따른 청소년 유해매체물로서 상대방의 연령 확인, 표시의무 등 법령에 따른 의무를 이행하지 아니하고 영리를 목적으로 제공하는 내용의 정보(사이버유해매체물), 여섯째, 법령에 따라 금지되는 사행행위에 해당하는 내용의 정보(사이버도박), 일곱째, 이 법 또는 개인정보보호에 관한 법령을 위반하여 개인정보를 거래하는 내용의 정보, 여덟째, 법령에 따라 분류된 비밀 등 국가기밀을 누설 정보 등을 규정하고 있다.

사이버폭력을 사이버공간에서 일어나는 다양한 범죄들을 포함하는 것으로서 볼 경우 정보통신기술의 발전에 따라 유형이나 구체적 종류도 변하게 된다. 현재 경찰청 사이버안전국의 사이버범죄 분류를 보면 정보통신망에 대한 침해 범죄, 정보통신망을 이용한 범죄, 불법콘텐츠 범죄로 나누고 있다. 정보통신망 침해범죄는 일반적인 해킹이나 악성프로그램 공격을 의미하며, 정보통신망 이용 범죄는 인터넷을 통한 사기, 금융범죄 등의 내용을 담고 있다. 그리고 불법콘텐츠 범죄는 사이버음란물, 도박 등에 관한 사항으로서 불법정보 유통금지와 가까운 유형이라 할 수 있다.

<표 4-1> 사이버범죄 분류

정보통신망 침해 범죄	해킹	· 계정도용, 단순침입, 자료유출, 자료훼손
	서비스거부공격 (DDoS 등)	
	악성프로그램	
	기타 정보통신망 침해형 범죄	· 컴퓨터 등 장애 업무방해(형법 제314조 제2항) · 타인 명의 공인인증서 발급(전자서명법 제31조 제3호)
정보통신망 이용 범죄	인터넷 사기	· 직거래 사기, 쇼핑몰 사기, 게임 사기, 기타 인터넷 사기
	사이버금융범죄	· 피싱, 파밍, 스미싱, 메모리해킹, 몸캠피싱, 기타 전기통신금융 사기 등
	개인·위치정보침해	
	사이버 저작권 침해	
	스팸메일	
	기타 정보통신망 이용형 범죄	· 컴퓨터 등 사용 사기(형법 제347조의2) · 전자화폐 등에 의한 거래 행위(전자금융거래법 제49조 제1항 제7호, 9호) · 정보통신망 인증 관련 위반 행위(정보통신망 이용촉진 및 정보보호 등에 관한 법률 제74조 제1항 제1호)

	사이버음란물	· 일반 음란물, 아동 음란물
	사이버도박	· 스포츠토토, 경마, 경륜, 경정, 기타 인터넷 도박
불법 콘텐츠 범죄	사이버명예훼손 · 모욕, 사이버스토킹	· 사이버명예훼손 · 모욕, 사이버스토킹
	기타 불법 콘텐츠 범죄	· 청소년유해매체물 미표시, 영리목적 제공, 청소년유해매체물 광고, 공개전시(정보통신망 이용촉진 및 정보보호 등에 관한 법률 제73조 제2, 3호) · 허위주민번호 생성, 이익을 위해 사용(주민등록법 37조 제1호)

(3) 사이버폭력의 영향요인들

지금까지 사이버폭력에 대한 연구들은 통해 영향요인들을 살펴보면, 인구사회학적 요인들뿐 아니라 개인의 심리적 상태, 가족 환경, 학교 환경, 친구관계와 같은 개인 환경 변수들을 중심으로 사이버폭력에 영향요인으로 파악되어 왔다(성동규 외, 2006; 송태민 외, 2015; 신동준 외, 2006; 신승균, 2014; 오승희 외, 2005; 이고은 외, 2014; 이명진, 2003; 이승현 외, 2014; 이창호, 2014; 장준오 외, 2012). 특히, 사이버불링의 경우 현실 생활의 온라인으로 침투에 주목하여 온라인에서의 폭력과 현실에서의 폭력이 어떤 관계를 가지는지 주목해왔다 하지만 안화실(2013)이 사이버폭력에 대한 메타 연구에서 지적한 바와 같이 사이버폭력에 대한 대부분의 연구는 오프라인에서 학교폭력의 연장선상에서 논의되고 있을 뿐, 급변하는 미디어 환경은 제대로 고려하지 못하고 있다. 특히, 사이버폭력은 스마트기기의 보급에 따라 인터넷의 접속이 용이해지고, 온라인에서의 활동이 오프라인에서만큼 활발해지면서 청소년들의 일상생활 속으로 깊숙이 파고들고 있다.

1) 사이버폭력 현황

한국인터넷진흥원(KISA)의 2014년 사이버폭력 실태조사의 내용을 학생대상 사이버폭력 현황, 성인대상 사이버폭력 현황, 사이버폭력 후 대응의 세 부분으로 나누어 살펴보자.

(1) 학생대상 사이버폭력의 현황

학생을 대상으로 한 사어비폭력 현황을 살펴보면 사이버폭력의 유형은 사이버언어폭력, 사이버불링, 사이버스토킹, 사이버명예훼손, 신상정보유출, 사이버성폭력으로 나누고 있다. 2013년에 비해 2014년에 대체로 피해경험과 가해경험이 다 낮아지고 있는 것을 볼 수 있다. 유형별로는 사이버언어폭력이 가장 높은 것으로 나타나고 있다. 성별로는 남성은 가해와 피해 경험이 모두 높으나 여성의 경우 가해보다 피해 경험이 훨씬 더 높은 것으로 나타났다. 교급별로는 중고교생의 경우 2013년에는 거의 40%에 이르는 학생이 사이버폭력을 경험하였으며, 2014년에는 크게 떨어졌으나 여전히 20% 정도의 학생들이 피해 경험이 있는 것으로 응답하였다.

<표 4-2> 학생대상 사이버폭력 현황

사이버폭력		2013		2014	
		가해경험	피해경험	가해경험	피해경험
전체		29.2	30.3	14.0	19.0
유형별	사이버언어폭력	25.2	24.2	12.4	16.0
	사이버불링	5.6	1.2	2.3	2.3
	사이버스토킹	2.2	5.6	0.9	2.3
	사이버명예훼손	4.8	9.1	1.5	4.3
	신상정보유출	3.6	3.2	1.5	2.0
	사이버성폭력	1.9	8.4	0.5	1.1
성별	남성			19.3	21.1
	여성			8.6	16.8
교급별	초등학생	7.0	7.4	8.1	16.3
	중학생	39.0	39.4	16.9	20.0
	고등학생	38.4	40.6	17.1	20.7

* 출처: 한국인터넷진흥원, 〈사이버폭력 실태조사 보고서〉, 2013~2014

(2) 성인대상 사이버폭력 현황

성인대상 사이버폭력 현황을 살펴보면 사이버폭력 피해경험은 33%에서 30.5%로 조금 낮아졌으나 가해경험은 오히려 소폭 오른 것으로 나타났다. 성인의 경우에도 사이버언어폭력이 가장 문제인 것으로 나타나고 있으며, 가해경험이나 피해경험 모두 남성이 좀 더

취약한 것으로 나타났다. 연령별로는 20대와 30대에서 사이버폭력의 경험이 가장 높았다.

<표 4-3> 성인대상 사이버폭력 현황

사이버폭력		2013		2014	
		가해경험	피해경험	가해경험	피해경험
전체		14.4	33.0	17.4	30.5
유형별	사이버언어폭력	8.2	18.0	10.9	17.7
	사이버불링			3.4	4.3
	사이버스토킹	0.8	5.2	4.4	9.5
	사이버명예훼손	2.2	4.8	3.5	5.7
	신상정보유출	7.0	18.4	2.5	4.1
	사이버성폭력	0.8	4.6	3.0	5.8
성별	남성	11.5	25.3	22.4	34.3
	여성	4.6	10.0	12.0	26.5
연령별	20대	14.6	24.6	21.5	34.8
	30대	8.4	17.5	20.9	34.4
	40대	5.6	15.4	16.0	28.7
	50대	1.4	12.3	10.4	23.6

* 출처: 한국인터넷진흥원, 〈사이버폭력 실태조사 보고서〉, 2013~2014

(3) 사이버폭력 후 대응

사이버폭력 경험에 대해 피해자들이 어떻게 대응하고 있는지는 추후 대응 정책에 있어 시사점을 제공할 수 있다. 2014년 한국인터넷진흥원이 발간한 사이버폭력 실태조사 보고서에 따르면, 어떠한 행동도 취하지 않거나 상대방을 차단하는 등의 소극적 행위가 65% 이상인 것으로 나타났으며, 가해자에서 주변 사람들에게 도움을 요청하거나 사과 요구, 신고와 같은 적극적 대응 행위는 낮게 나타났다. 사이버폭력의 경우 적극적 대응을 꺼려하는 경우도 많고, 오프라인의 폭력과는 다르게 가볍게 생각하는 경우도 있지만, 사이버폭력도 엄연한 범죄행위에 해당한다는 인식의 확산이 무엇보다 필요할 것이다.

<표 4-4> 사이버폭력 대응

사이버폭력 후 대응	학생(%, N=570)				성인(%, N=458)
	전체	초등학생	중학생	고등학생	-
상대방을 차단하거나 나의 아이디나 이메일 삭제·변경	37.7	38	35	40.1	40.2
어떠한 행동도 하지 않음	30.5	30.7	31	30	27.3
가해자에게 삭제 요구하거나 사과 요구	22.8	24.5	25.5	18.8	25.5
친구, 가족, 선생님 등 주변에 알림	16.0	19	17.5	12.1	24.7
해당 웹사이트에 신고	12.1	8.6	13	14	17.2
상담 및 신고센터에 알리거나 경찰에 신고	1.2	0	1.5	1.9	7.0

* 출처: 한국인터넷진흥원, 〈사이버폭력 실태조사 보고서〉, 2014

2) 사이버폭력 정책

(1) 추진체계

현재 사이버폭력과 관련된 업무를 담당하는 부처는 담당업무의 성격에 따라 다양하게 분포되어 있다. 정보통신 윤리 일반 업무의 경우 미래창조과학부가 맡고 있는데, 현재 미래부의 경우 국가정보화 기능을 총괄적으로 수행하는 기관으로서 사이버폭력에 대한 직접적인 대응부처는 아니지만 관련 인터넷 윤리교육 및 정책 등을 통해 연관되어 있다. 방송통신위원회 또한 사이버윤리의 확립 및 대책 마련을 추진하는 부서로서 사이버폭력 정책과 연관되어 있다. 교육부의 경우 초중고에서 일어나는 학교폭력과 관련된 직접적인 예방, 대응 부처라 할 수 있다. 이 경우 학교폭력은 오프라인의 폭력과 온라인 폭력을 포함하는 것으로서 인터넷 문화나 윤리의 차원의 정책을 관장하게 된다. 이 밖에도 사이버폭력이 범죄로 이어질 경우 경찰청 사이버안전국이 관여하게 되며, 필요에 따라 해당 기관들 간의 공조와 협력이 이어지게 된다.

<표 4-5> 사이버폭력 담당 부서 및 업무

관련 담당 부서	담당 업무
미래창조과학부 정보통신정책실 정보보호정책관 정보활용지원팀	(정보통신 윤리 일반) · 정보문화의 창달 및 확산 시책의 수립·시행 · 건전한 정보통신 윤리 확립 대책의 수립·추진 · 정보문화 관련 정책연구 및 교육·홍보 · 정보통신 윤리 확립을 위한 교육, 전문인력 양성 및 홍보에 관한 사항 · 정보통신 윤리교육 콘텐츠 개발·보급에 관한 사항 · 정보통신 윤리 관련 연구개발 및 관련 단체지원에 관한 사항
방송통신위원회 이용자정책국 개인정보보호윤리과	(사이버윤리) · 정보통신망에서의 이용자(이하 이 항에서 '이용자'라 한다) 개인정보 보호 기본정책의 수립 및 관련 법령의 제정·개정 · 건전한 사이버 윤리 확립 대책의 수립·추진 · 사이버윤리 관련 정책 연구 및 교육·홍보 · 사이버윤리 관련 민간자율규제 지원 및 인터넷 내용 등급 데이터베이스의 보급 · 사이버윤리 관련 공공기관·법인·단체 등에 대한 지원
교육부 학교정책실 학생복지정책관 학교생활문화과	(학교폭력) · 학교폭력(성폭력을 포함한다) 예방 종합 대책의 수립·시행 · 인터넷문화·윤리에 관한 사항 · 학교폭력 근절을 위한 조사·연구·교육 및 지도 · 학교폭력 관련 행정기관 및 교육기관 간의 협조·지원 · 학교폭력 대책위원회의 구성·운영 · 학교폭력 대응 매뉴얼의 개발·보급
경찰청 사이버안전국	(사이버범죄) · 사이버범죄 수사에 관한 연구·기획·집행·지도·조정 및 통제

사이버범죄 대응과	· 사이버범죄 대응수사 전략연구 및 계획 수립 · 사이버범죄에 관한 수사 · 사이버범죄 관련 국제 공조수사
경찰청 사이버안전국 사이버안전과	· 사이버공간에서의 범죄(이하 '사이버범죄'라 한다) 관련 정보수 집·분석 및 배포에 관한 사항 · 사이버범죄 신고·상담 · 사이버범죄 예방에 관한 연구·기획·집행·지도 및 조정 · 사이버범죄 통계 관리 및 분석 · 사이버범죄 관련 국제경찰기구 등과의 협력
대검찰청 과학수사부 사이버수사과	(사이버범죄 수사 지원) · 사이버범죄 사건의 수사 지원에 관한 사항 · 사이버범죄 수사기법의 연구·개발에 관한 사항 · 사이버범죄 장비의 확보·개발 및 운영에 관한 사항

(2) 주요 정책

가. 사이버폭력과 사이버윤리

사이버폭력에 대한 정책은 주로 사이버윤리 정책을 중심으로 이루어지고 있다. 국가정보화 기본법은 이를 정보통신 윤리로 개념화하고 있다. 법 제3조에 따르면 정보통신 윤리란 정보통신기술을 이용한 정보의 수집·가공·저장·검색·송신·수신 및 그 활용 과정에서 개인 또는 사회 구성원들이 지켜야 하는 가치판단 기준(국가정보화 기본법 제3조 9의2호)이다. 국가기관과 지방자치단체는 건전한 정보통신 윤리를 확립하기 위하여 미풍양속을 해치는 불건전한 정보의 유통을 방지하고 건강한 국민정서를 함양하며, 불건전한 정보로부터 국민을 보호할 의무가 있다(제40조). 특히, 정보통신 윤리 확립을 위한 교육 및 전문인력 양성·홍보, 정보통신 윤리교육 콘텐츠 개발·보급, 정보통신 윤리 관련 연구 및 개발, 정보통신 윤리 관련 단체에 대한 지원, 건전한 정보이용 환경 조성을 위한 제도 등을 마련하여야 한다.

나. 인터넷 윤리 의식 제고

인터넷 역기능에 대응하고 건전한 인터넷 이용 문화를 조성하기 위하여 방송통신위원회, KISA는 인터넷 윤리을 제고하기 위한 각종 캠페인과 윤리 홍보 활동 등을 전개하고 있다. 또한 방송통신위원회와 미래창조과학부는 유아 및 초·중·고 학생별로 특화된 정보통신 윤리교육과 윤리의식 제고 활동을 하고 있다.

<표 4-6> 사이버폭력 정책 1

	사업 명	내용
인터넷 윤리 제고 활동	한국인터넷드림단	청소년들의 인터넷 사회에서 올바른 가치관과 태도를 지니고 건전한 인터넷 문화를 선도하기 위한 프로그램
	아름다운 인터넷 세상 캠페인	2010년부터 매년 아름다운 인터넷 세상 주간을 선정하고 문화행사 개최, 민간단체와 선플달기 운동 등을 통해 올바른 윤리의식 정립
	인터넷 윤리 대전 개최	창의적인 인터넷 윤리 문화 콘텐츠 개발을 위해 2010년부터 매년 실시
	국민 대상 인터넷 윤리 홍보	건전한 인터넷 윤리 문화 의식 제고와 인터넷 문화 조성을 위해 다양한 인터넷 윤리를 온라인 매체를 통해 확산
정보통신 윤리교육	인터넷 윤리 교실	2013년부터 진행되어 온 청소년 대상 사이버폭력 예방 교육 최근 인터넷 역기능 이슈를 포함한 윤리교육 실시
	청소년정보통신 윤리교육	청소년을 대상으로 KAP(Knowledge Attitude Practice) 모델을 적용하여 학교 실정에 맞는 다양한 정보통신 윤리교육 실시
	성인 정보통신 윤리교육	지역사회 교육기관과 연계하여 성인대상의 정보통신 윤리교육 추진
	정보통신 윤리교육 콘텐츠 개발	교육대상에 따라 특성화된 정보통신 윤리교육을 실시하기 위하여 콘텐츠의 개발·활용·보급 정보문화포탈을 통해 해당 정보 윤리 콘텐츠를 무료로 제공

* 출처: 『한국인터넷백서』, 2010~2015 재정리

스마트시대의 사이버폭력 정책

1) 거버넌스 체계의 구축

사이버폭력에 영향을 주는 요인들로 개인의 심리적 요인이나 성격 이외에도 부모나 가족과의 유대, 학교에서 교사의 지지를 비롯한 학교생활 요인, 또래집단과의 관계 요인 등을 들 수 있으며 다양한 소속 집단이 청소년의 사이버폭력의 예방에 참여하게 된다. 이것은 성인의 경우에도 가족, 회사에서의 관계 등이 영향을 미치게 된다. 이 속에서 국가는 이러한 행위자 간의 관계를 조정하면서도 한편으로는 다른 하나의 행위자로서 역할하게 된다. 교육이나 인력의 양성 등을 통해 간접적으로 사이버폭력에 영향을 미치는 것이다. 따라서 이러한 사이버폭력의 예방과 대응도 다른 행위자와의 협력을 통해 실질적인 효과를 거둘 수 있게 된다.

또한 한편으로 현재 사이버폭력이나 사이버윤리와 관련된 부처나 조직 간 협력이 유기적으로 이루어지는 것도 중요하다. 한 부처만으로 해결될 수 없는 경우도 많으며, 부처 간 유사한 사업 등을 통해 중복적이거나 산발적으로 이루어지는 프로그램들을 조정할 협의체가 필요할 수 있다.

2) 사이버폭력에 대한 인식 제고

많은 경우에 사이버폭력에 대해 현실에서 행해지는 폭력처럼 심각하게 여기지 않고, 가볍게 여기는 경우가 많다. 그 피해가 물리적으로 표현되기보다는 심리적이나 정신적으로 보이고 피해의 정도도 즉각적이기보다는 지속적으로 축적되어 가는 경향이 있기 때문이다. 또한 사이버폭력의 경우 현실에서의 폭력과는 달리 시간과 공간을 가리지 않고 일어난다. 보이지 않아도 잠자는 시간에도 언제 어디서든 사이버폭력을 가할 수 있다. 이런 점에서 사이버폭력은 물리적 폭력보다 훨씬 더 심각한 경우도 많다. 더구나 이러한 사이버폭력의 경우 교묘하게 일어나는 경우가 많기 때문에 대수롭지 않게 지나치거나 그 가해의 책임이나 정도를 가늠하기도 쉽지 않을 수 있다. 따라서 사이버폭력이 매우 심각한 폭력 행위이며 범법행위가 될 수 있다는 것을 명확하게 인식하고 학생들에게도 교육시키는 것이 필요하다. 초중고 시절에 이러한 인식이 굳어질 경우 추후에 이러한 문제는 고치기 힘들 뿐 아니라 사회적 집단 문화의 잘못된 형성에도 영향을 줄 수 있다.

3) 사이버환경 변화 고려

사이버환경의 변화는 물리적 환경의 변화보다 훨씬 빠른 속도로 변하고 있다. 스마트폰의 등장뿐 아니라 빅데이터나 사물인터넷, AI의 등장은 사이버세상을 훨씬 더 복잡하게 만들고 이에 따른 다른 사이버세상의 법칙과 문화들을 형성하게 될 것이다. 악성댓글이나 음란물 유통 등은 훨씬 교묘해지고 성별, 지역 간 의견대립이나 허위정보의 문제들도 지금보다 더 복잡하게 전개될 것이다.

4) 정보문화와 사회적 자본

사회의 지속적 발전과 상호호혜와 신뢰를 바탕으로 한 공동체로서 성장하기 위하여 사회적 자본은 매우 중요한 역할을 한다. 이러한 사회적 자본의 논의는 지금까지 주로 오프라인에서 사회적 신뢰와 호혜성을 중심으로 논의되어 왔다. 하지만 지금까지 사이버공간이 현실공간의 부속품으로 여겨지는 정도에서 지금은 훨씬 더 큰 공간으로 자리 잡음에 따라 사이버공간의 특성을 이해하고 이에 맞는 사이버문화를 정착하는 일이 매우 중요하다. 특히, 현재 사이버공간이 신뢰성을 담보하는 커뮤니티로 발전하기 위해 사회적 자본의 형성은 매우 중요한 논의의 축이 될 것이다.

· 쉬어가기 ·

무차별 사생활 폭로 두 얼굴의 SNS
잘 쓰면 약, 못 쓰면 독…… 사람 살리기도 죽이기도

SNS(소셜 네트워크 서비스)는 현대인의 대표적인 소통창구로 자리매김했다. 개인 사생활
뿐만 아니라 취미 등 각종 관심사까지 공개하고 공유하며 정보를 얻고 소통한다. 그리고
각자의 관심사를 사진이나 동영상 등을 통해 뽐내기도 한다. 공공영역을 넘나들며 다양한
활동으로 주목받고 있다. 사회 여론을 형성하고 여론의 흐름을 바꾸기도 한다.
하지만 SNS는 양면성이 있다. 무서운 전파력을 자랑하지만 양날의 칼이다. 사람을 살릴
수도 또 죽일 수도 있다. SNS의 '빠른 전파력'은 누구도 따라가지 못한다. 한 번 공유되기
시작하면 가속도가 붙어 제어하기 힘들다. 이런 파급력을 가진 SNS는 세상의 어떤 권력
보다도 막강한 힘을 갖고 있다. 언론도 SNS를 쫓아가며 기사를 생산하는 형국이다.
실종자를 찾거나 범죄 용의자를 추적해서 검거하는 데 결정적인 역할도 한다. 경찰도 특
정 사건이 장기화되거나 수사에 난항을 겪을 경우 공개수사로 전환하면서 SNS에 도움을
요청하고 있다. 최근 세상을 떠들썩하게 했던 부산 7살 어린이 뺑소니 사건도 차량 번호
판 식별이 안 되는 등 수사에 어려움을 겪자 공개수사로 전환했다. 경찰은 "SNS의 힘으
로 7살 아이의 원한을 풀어주자"고 호소했다.

'손가락 독립군' SNS가 세상을 바꾼다

단순 가출로 밝혀진 대전 여대생 실종 사건도 SNS를 통해 알려졌고, 언론이 이를 받아쓰
거나 후속취재하면서 전 국민의 이슈로 떠올랐다. 스마트폰시대 이전에는 언론이 먼저 이
슈를 만들고 온라인에서 확산되던 것과는 사뭇 다른 모습이다. 서민들이 억울한 일을 당
한 경우에도 SNS를 통해 호소하고 있다. SNS가 '국민 신문고' 역할을 톡톡히 하고 있는
것이다.
갑작스러운 재난이 발생했을 때도 SNS는 큰 힘을 발휘한다. 지난 4월 일본 구마모토(熊
本) 강진 후에는 행방불명된 이들의 소재를 파악하거나 고립된 사람을 구조하는 데 SNS
가 크게 기여한 것은 잘 알려진 사실이다.
우리나라에서도 마찬가지다. 최근 잇따라 지진이 발생하면서 SNS가 진가를 발휘했다. 국
민안전처의 홈피가 마비되고, 재난문자가 뒷북을 치면서 제대로 된 역할이나 대처를 못했
다는 비난을 받았다. 이런 때에 한 개발자가 연예인의 이름을 딴 '지진희'라는 지진 알림
프로그램을 만들었다. 지진이 발생했을 경우 SNS를 통해 알려주는 것인데 실제 9월 21일
경주에서 규모 3.5 여진이 발생했을 때 기상청 트위터보다 2분, 국민안전처 재난문자보다
6분이 빨랐다. 이렇듯 대중들은 갈수록 SNS에 대한 의존도가 높아지고 있다.
지금은 SNS가 여론을 주도하고, 또 여론을 만드는 시대가 된 것이다. 공권력도 SNS의 눈
치를 본다고 할 정도다. SNS가 세상을 바꾼다는 의미에서 '손가락 독립군' 또는 '손가락
혁명군'이라는 말까지 등장했다.
SNS 권력은 '시민권력'으로 대변되기도 한다. 밑바닥 여론의 바로미터이자 민의의 분출이
기 때문이다. 사정이 이렇다 보니 정부부터 각 기관·단체·기업 등에서 정책이나 여론
에 영향을 미치는 SNS 소통방식에 주목하고 있다. SNS 활용도를 높이기 위한 다양한 아
이디어를 쏟아내고 있다. 이런 것들은 모두 SNS 순기능에 속한다.

불특정 일반인 개인정보 무차별 폭로

하지만 역기능도 만만치 않다. SNS의 무서운 전파력을 악용하는 사례가 끊이지 않고 있다. 누군가 특정 또는 불특정인에 대한 악의적인 허위사실을 유포할 경우 돌이킬 수 없는 피해를 입게 된다. 문제는 SNS 특성상 한 번 퍼지기 시작하면 정정하거나 흔적을 지우기가 거의 불가능하다는 사실이다. 유포자를 처벌해도 피해회복이 완전하게 되지 않고 있다. 최근 일반인들 신상을 무차별 폭로하며 논란을 일으켰던 '강남패치', '한남패치', '성병패치', '재기패치', '오메가패치' 등이 대표적인 사례다. 언제부턴가 SNS에서는 'ㅇㅇ패치'가 유행처럼 번지기 시작했다. 그러자 경찰이 수사에 나서 해당 계정의 운영자들을 잇따라 붙잡았다. 경찰에 적발된 '강남패치', '한남패치'는 연예인들과 화류계 종사자들의 사생활과 관련된 확인되지 않은 정보를 무차별적으로 SNS에 폭로했지만, 대부분 거짓으로 드러났다. 강남패치의 운영자 정아무개씨(여·24)는 경찰 조사에서 "클럽에서 알게 된 모기업 회장의 외손녀에 대한 상대적 박탈감과 질투심 때문에 강남패치를 시작하게 됐다"고 진술했다. 자신의 열등감, 질투심, 상대적인 박탈감을 해소하기 위해 불특정인에 대해 악의적인 흠집 내기로 대리만족을 느꼈다는 것이다. 한남패치 운영자 양아무개씨(여·28)도 불특정 남성 100여 명의 사진과 과거 경력 등 개인 신상과 관련된 허위 정보를 SNS에 유출했다. 양씨는 피해자가 "글을 내려달라"고 요구하면 "가만두지 않겠다, 더 공개하겠다"고 오히려 협박했다. 지금까지 적발된 'ㅇㅇ패치' 운영자들은 모두 20~30대 초반의 여성이었고, 범행동기에 대해 "이전에 남성으로부터 피해를 입었다"고 진술했다. 전문가들은 이런 현상을 "우리 사회에 널리 퍼져 있는 혐오가 'SNS 폭로전' 형태로 변질된 것"이라고 분석하고 있다. 이처럼 SNS에서는 일반인의 실명과 사진, 각종 개인 신상정보 등이 낱낱이 공개되고 있다. 이것이 사실이라고 해도 문제가 되지만 대부분은 '~카더라'식의 찌라시 수준이다. 지난 5월 28일쯤 부산에서 부부가 실종되는 일이 있었다. 가족들은 경찰에 실종신고를 했지만 수사에 진척이 없었다. 그러자 아내의 친구가 8월 26일 온라인 커뮤니티에 실종자를 찾는 글을 게시했다. 그런데 일간베스트의 한 회원은 게시판에 실종자 남편이 치정문제로 아내를 살해하고 잠적한 것처럼 묘사했다. 더욱이 아내의 사진을 모자이크 없이 게시하고는 술집 출신 여성이라고 단정했다. 실종자를 찾는 글을 게시한 친구까지도 술집 출신이라며 허위사실을 유포했다. 이로 인해 해당 여성은 지금까지도 "사람이 무섭다"며 고통을 호소하고 있다. SNS에서의 왕따·따돌림·명예훼손 등은 '인격살인'으로 표현된다. 학생들 사이에서는 의도적으로 마음에 들지 않는 친구라는 이유로 SNS상에서 집단 따돌림이나 괴롭힘을 당하기도 한다. 피해자들은 대인공포증이나 자살충동 등에 시달리고 있으며 실제 자살한 사례도 적지 않다. 반면 가해자들은 '범죄의식'이 현저히 낮다. 정신과 전문의들은 SNS상에서의 공격자들, 즉 악플러에 대해 '과시욕에 의한 관음증적 증상'이라고 정신병적 진단을 내렸다. 이들은 정신적인 피해의식이나 열등의식을 악의적으로 표출하는 수단으로서 SNS를 이용한다. 악플을 달면서 자신과 세상에 대한 분노를 쏟아내는 것이다. 이들은 또 아무 근거도 없는 내용을 장난삼아 유포한다. 내용의 사실 여부에는 관심이 없다. 오로지 상대편을 집중 공격하는 일에만 치중한다.

정락인 객원기자 sisa@sisapress.com
게재 2016.09.29.(목)

제5장
개인정보보호: 개인정보보호와 활용의 경계

스마트시대의 개인정보보호

개인의 프라이버시와 국가안보에 관한 이슈는 우리 사회를 관통하는 오랜 주제이다. 구글의 스트리트뷰 무단 정보수집 사건(2010), 스노든의 폭로 사건(2013), 유럽법원의 구글 고객 데이터 삭제 요구권(잊힐 권리) 인정(2014), 카카오톡 감청 논란(2014)과 통신제한조치 협조(2015), FBI vs 애플 사건(2015), 국내 테러방지법 논란(2016)에 이르기까지 개인의 자기정보통제권과 사생활보호, 국가안보를 둘러싼 논의는 국내외를 불문하고 확산되고 있다. 빅데이터, 클라우드 컴퓨팅, 사물인터넷과 같은 정보통신기술의 발전은 개인정보의 활용과 보호에 관한 논의를 더욱더 복잡하게 만들고 있다.

이에 따라 개인정보와 관련된 제도적 정립의 문제뿐 아니라, 새로운 개인정보로서 위치정보, 홍채인식 등 신체정보에 대한 제도화, 빅데이터·IoT 등의 새로운 기술들은 개인정보의 활용을 통해 새로운 가치를 발견하는 과정에서 개인정보의 보호와 활용을 둘러싼 갈등에 대한 균형적 조정, 개인정보의 침해 가능성과 감시 등의 문제에 대응 방안을 모색해 나가는 것이 필요하다.

1) 개인정보의 개념

개인정보란 "살아 있는 개인에 관한 정보로서 성명, 주민등록번호 및 영상 등을 통하여 개인을 알아볼 수 있는 정보(해당 정보만으로는 특정 개인을 알아볼 수 없더라도 다른 정보와 쉽게 결합하여 알아볼 수 있는 것을 포함한다)"를 말한다(개인정보보호법 제2조 1). 이에 따르면 개인정보보호는 첫째, 살아 있는 개인의 정보로서 죽은 사람이나 단체, 기업은 적용 대상이 아니며, 둘째, 개인을 알아볼 수 있는 정보로서 다른 사람과 구별된 특정인을 식별할 수 있는 정보를 말하며, 셋째, 다른 정보와 쉽게 결합하여 알아볼 수 있는 정보로서 정보 하나만으로는 찾을 수 없어도 여러 정보를 결합하면 찾을 수 있는 경우를 포함한다.

2) 개인정보의 종류

최근의 개인정보에 관한 연구들은 개인정보의 범위를 가능한 넓게 확대해 나가고 있다. 이름이나 주민번호 등과 같은 일반정보 이외에도 가족정보, 교육 및 훈련정보, 소득과 의료정보 등에 이르는 개인과 관련된 거의 모든 사항을 개인정보의 범위에 포함시키고 있다. 더구나 해당 정보만으로는 개인을 식별할 수 없다 하더라도 두 종류 이상의 정보를 결합하여 개인을 식별할 수 있는 정보도 개인정보에 포함된다는 점에서 수집 및 활용 등에 주의를 요한다.

<표 5-1> 개인정보 유형

유형 구분	항목
일반정보	이름, 주민등록번호, 운전면허번호, 주소, 전화번호, 생년월일, 출생지, 본적지, 성별, 국적
가족정보	가족구성원들의 이름, 출생지, 생년월일, 주민등록번호, 직업, 전화번호
교육 및 훈련정보	학교 출석사항, 최종학력, 학교성적, 기술자격증 및 전문면허증, 이수한 훈련 프로그램, 동아리활동, 상벌사항
병역정보	군번 및 계급, 제대유형, 주특기, 근무부대
부동산정보	소유주택, 토지, 자동차, 기타 소유차량, 상점 및 건물 등
소득정보	현재 봉급액, 봉급경력, 보너스 및 수수료, 기타소득의 원천, 이자소득, 사업소득
기타 수익정보	보험(건강, 생명 등) 가입현황, 회사의 판공비, 투자 프로그램, 퇴직 프로그램, 휴가, 병가
신용정보	대부잔액 및 지불상황, 저당, 신용카드, 지불연기 및 미납의 수, 임금압류 통보에 대한 기록
고용정보	현재의 고용주, 회사주소, 상급자의 이름, 직무수행평가기록, 훈련기록, 출석기록, 상벌기록, 성격 테스트결과 직무태도
법적정보	전과기록, 자동차 교통 위반기록, 파산 및 담보기록, 구속기록, 이혼기록, 납세기록
의료정보	가족병력기록, 과거의 의료기록, 정신질환기록, 신체장애, 혈액형, IQ, 약물테스트 등 각종 신체테스트 정보
조직정보	노조가입, 종교단체가입, 정당가입, 클럽회원
통신정보	전자우편(E-mail), 전화통화 내용, 로그파일(Log file), 쿠키(Cookies)
위치정보	GPS나 휴대폰에 의한 개인의 위치정보
신체정보	지문, 홍채, DNA, 신장, 가슴둘레 등
습관 및 취미정보	흡연, 음주량, 선호하는 스포츠 및 오락, 여가활동, 비디오 대여기록, 도박성향

1) 우리나라 개인정보 유출 주요 사건

우리나라에서 개인정보의 보호문제가 사회적으로 심각한 문제로 제기된 계기는 NEIS(교육행정정보시스템)를 둘러싼 2003년경이라 할 수 있다. 이 후 개인정보 유출을 둘러싼 사회적 문제들은 2008년 을 전후로 지속적으로 발생하기 시작하였다. 2008년 2월 옥션의 개인정보 유출을 시작으로 KT·하나로텔레콤과 같은 통신사, 롯데나 농협과 같은 카드사에 이르기까지 개인정보의 유출 사고가 잇달아 이어졌다.

<표 5-2> 국내 주요 개인정보 유출 사건

시기	발생기업	발생원인	피해규모	유출정보	제재조치 등
2008.2.	옥션	해킹	1,860만 명	주민번호, 이메일 등	-
2008.4.	하나로 텔레콤	불법제공	600만 명	주민번호, 전화번호 등	40일 영업정지, 과징금 1억 5천만 원 등
2010.3.	신세계몰 등 25개 업체	해킹	2,000만 명	주민번호, ID, 비밀번호 등	업체별 유출수준에 따라 과태료 부과
2011.7.	SK컴즈	해킹	3,500만 명	암호화된 주민번호와 비밀번호 등	-
2011.8.	삼성카드	내부 유출	80만 명	주민번호 앞자리 2개 등	기관주의 및 유출직원 면직
2012.7.	KT	해킹	870만 건	주민번호, 휴대폰 번호, 요금제 등	과징금 7억 5천만 원, 시정조치 명령
2014.1.	카드3사 (KB · 롯데 · NH카드)	위탁업체 유출	8,700만 건	주민번호, 신용카드번호, 결제계좌 등	3개월 영업정지 및 각 사에 과태료 600만 원 부과
2014.3.	KT	해킹	1,170만 건	주민번호, 유심카드번호 등	과징금 7천만 원, 과태료 1천5백만 원, 시정명령

* 출처: 관계부처 합동, 개인정보 정상화대책(2014.7.)

2) 개인정보 침해 사고 건수

한국인터넷진흥원(KISA)의 개인정보 침해 신고·상담 접수 현황에 따르면 개인정보 침해로 인해 피해 구제 신청 건수는 2004년 17,569건에서 점점 증가하여 2013년 약 17만 건, 2014년 15만 건 이상에 이르고 있다. 이러한 개인정보 침해의 유형을 보면 주민번호 등 타인 정보의 훼손·침해·도용과 관련된 신고들이 가장 많고, 다음으로 신용정보 관련 문의들이 많은 것으로 나타났다. 이외에도 기술적·관리적 조치의 미비에 따른 신고나 목적 이외의 제3자 사용,

이용자 동의 없는 개인정보 수집 등과 같은 다양한 유형의 신고접수
가 이루어지고 있다.

<표 5-3> 개인정보 침해 신고·상담 접수 현황

연도	2004	2005	2006	2007	2008	2009	2010	2011	2012	2013	2014
피해 구제 신청 현황	17,569	18,206	23,333	25,965	39,811	35,167	54,832	122,215	166,801	177,736	158,900

* 출처: 한국인터넷진흥원

<표 5-4> 2014년 개인정보 침해 접수 유형

2014년 접수 유형	2013		2014	
	건수	비율	건수	비율
주민등록번호 등 타인 정보의 훼손·침해·도용	129,103	72.64	83,126	52.31
「정보통신망 이용촉진 및 정보보호 등에 관한 법률」 및 「개인정보보호법」 적용대상 외 관련(신용정보 관련 문의 등)	35,284	19.85	57,705	36.32
기술적·관리적 조치 미비 관련	4,518	2.54	7,404	4.66
이용자의 동의 없는 개인정보 수집 관련	2,634	1.48	3,923	2.47
목적 외 이용 또는 제3자 제공 관련	1,988	1.12	2,242	1.41
기타(개인정보 수집 시 고지 또는 명시 의무 관련, 과도한 개인정보 수집, 개인정보 취급자에 의한 훼손·침해 등, 개인정보 처리 위탁 시 고지 의무, 영업의 양수 등의 통지의무, 개인정보관리 책임자 관련 수집 또는 제공받은 목적 달성 후 개인정보 미파기, 동의철회·열람 또는 정정 요구 관련, 동의철회·열람·정정을 수집보다 쉽게 하여야 할 조치, 아동의 개인정보 수집)	4,209	2	4,500	3

* 출처: 「한국인터넷백서」, 2015

카드사, 통신사 개인정보 유출 등 사고 범람

2014년엔 연초부터 대형 개인정보 유출사고가 터져 개인정보 유출에 대한 위기감이 고조
됐다. 시작은 대형 신용카드사의 고객정보 유출이었다. 1월 국민·농협·롯데카드에서 고
객정보 1억 4,000만 건이 유출돼 국민들이 충격에 빠졌다. 이 사건은 협력업체 직원이 카
드 3사의 개인정보를 외부로 빼낸 사건으로 2013년 6월경 개인정보가 유출됐음에도 불구
하고 뒤늦게 밝혀져 더 큰 지탄을 받았다. 이 사건으로 신용카드 3사가 석 달 영업정지
처분을 받고 사장·부사장 등 관련 임직원들이 사퇴하는 등 후폭풍이 이어졌다. 또 카드
사의 책임을 묻는 소비자들의 소송이 제기됐다. 2월에는 의사협회·치과의사협회·한의
사협회를 포함한 225개 사이트에서 약 1,700만 건의 개인정보가 해킹된 사실이 드러나기
도 했다. 해커는 악성코드를 사이트에 심어 관리자 권한을 얻는 '웹셸(Web Shell)' 수법을
사용해 얻은 개인정보를 대리운전 업체, 대출 업체 등에 팔았다. 3월에는 KT 홈페이지가
신종 해킹 프로그램 '파로스'에 의해 해킹당한 사건도 있었다. 2014년 7월 정부는 국가정
책조정회의를 열어 개인정보 범죄 처벌강화 및 개인정보 유출 피해구제를 내용으로 하는
'개인정보 정상화 대책'을 발표하였다.

※ 출처: 『한국인터넷백서』, 2015

3) 개인정보보호 정책

(1) 추진체계

개인정보 관련 추진체계에서 가장 상위기관은 개인정보보호위원
회이다. 개인정보보호위원회는 개인정보보호법에 의해 설치된 대통
령 소속 위원회로서 개인정보와 관련된 주요 정책을 심의·의결하
고 중앙행정기관, 지방자치단체, 법원, 헌법기관의 법 위반에 대한
시정 권고권을 가진다. 행정자치부는 개인정보보호법의 소관부처로
서 개인정보보호에 관한 사항을 총괄하며 개인정보 기본계획에 따
라 매년 개인정보보호 시행계획을 작성하며, 개인정보 파일에 대한
개인정보 영향평가를 실시한다. 방송통신위원회는 정보통신망법상
의 개인정보보호 관련 사항을 담당한다. 미래부는 악성 웹·앱 차단
등 온라인 기술지원 등 개인정보 관련 업무를 수행한다.

<그림 5-1> 개인정보보호 추진체계

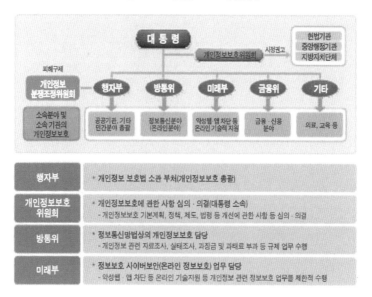

* 출처: 『개인정보보호백서』, 2015

(2) 개인정보보호 관련 법제

개인정보보호 관련 법제는 2011년에 큰 변화를 맞게 된다. 2004
년부터 준비되어 온 개인정보보호와 관련된 일반법인 개인정보보호
법이 제정(2011.9.)되어 민간·공공 부문을 아우르는 모든 개인정보
보호와 관련된 사항을 다루게 된다. 정보통신망법은 민간 부문, 특
히 정보통신망을 통해 서비스를 제공하는 정보통신서비스와 방송사
업자의 개인정보보호 관련 사항을 규율한다. 이 밖에도 개별 분야법
으로 위치정보의 보호 및 이용에 관한 법률, 신용정보의 이용 및 보
호에 관한 법률, 통신비밀보호법, 정보통신기반보호법, 금융실명거
래 및 비밀보장에 관한 법률이 있다.

	개인정보보호법	정보통신망법	신용정보보호법
주무부처	행정자치부	방송통신위원회	금융위원회
적용대상	• 개인정보처리자(업무를 목적으로 개인정보파일을 운용하는 자)와 정보주체	• 정보통신서비스 제공자(영리를 목적으로 전기통신사업자의 전기통신역무를 이용하여 정보를 제공하는 자)와 서비스 이용자	• 신용정보회사 등(신용정보회사, 신용정보 집중기관 및 신용정보 제공·이용자)과 신용정보주체
적용범위	• 개인정보(개인을 알아볼 수 있는 정보)	• 개인정보(특정한 개인을 알아볼 수 있는 정보)	• 신용정보(금융거래 등 상거래에 있어서 거래 상대방의 신용을 판단할 때 필요한 정보)
적용원칙	• 정보통신망법, 신용정보법 등 다른 법률에 특별한 규정이 있는 경우를 제외하고는 개인정보보호법 적용		
주요 내용	• (동의) 개인정보 수집·이용 시 정보주체 등의 확득 • (책임자) 개인정보 관리(또는 보호) 책임자 지정 • (파기) 개인정보 수집·이용 목적 달성 시 파기조치 • (권리) 개인정보 열람·정정·삭제 또는 동의 철회 권리 • (유출통지) 개인정보 유출/누출 시 정보주체에 통지 및 지정 기관에 신고 의무 • (안전성 확보) 개인정보의 기술적·관리적 보호조치 사항 • (피해구제) 개인정보침해신고센터 운영에 관한 사항		• (동의) 신용정보의 제공·활용 시 동의 확득 • (파기 및 관리) 기록 보존기간 및 신용정보 관리에 관한 사항 • (권리) 신용정보 열람·정정·삭제 권리 보장 청구 • (누설통지) 정보주체에 통지 및 전문기관에 신고 의무 • (안전성 확보) 기술적·물리적·관리적 보안대책 수립
차별성	• 공개된 장소의 CCTV 설치·운영에 대해 규정 • 정보주체 이외로부터 수집한 개인정보 처리에 대해 수집 고지 의무 규정 • 공공기관 대상 개인정보 영향평가 실시 및 개인정보 파일 등록에 관한 사항	• 개인정보 유효기간제 도입(3년 이상 사용하지 않는 개인정보는 파기 등의 조치) • 법정 손해배상제 도입(이용자 손해배상 청구권 명시) • 개인정보 이용내역 통지 의무 부과(주기적으로 이용자에게 알림)	• 신용정보의 정확성·최신성 보장을 위한 신용정보회사의 신용정보의 등록·변경 및 관리 절차 규정
주민등록번호 처리	• 법령에 구체적인 근거 없는 주민등록번호 처리 금지 • 인터넷 회원가입 시 대체수단 도입	• 법령 허용, 본인확인 기관, 방통위 고시에 해당 이외 주민등록번호 수집·이용 금지 • 법령 허용 등의 경우에도 대체수단 제공	• 신용정보회사 제공·이용자가 주민등록번호 등 개인식별정보를 신용정보회사 등에 제공 시 정보주체 동의 필요

* 출처: 『국가정보보호백서』, 2015

(3) 개인정보보호법의 주요 내용

이 중 개인정보보호에 관한 일반법인 개인정보보호법은 개인정보의 처리 및 보호에 관한 사항을 정함으로써 개인의 자유와 권리를 보호하고, 나아가 개인의 존엄과 가치를 구현함을 목적으로 제정되었다. 정보통신망법, 신용정보법 등 다른 법률에 특별한 규정이 있는 경우를 제외하고는 개인정보보호법이 적용된다. 개인정보보호법은 총 9장과 부칙의 76개조로 구성되어 있으며 제1장 총칙, 제2장 개인정보 보호정책의 수립, 제3장 개인정보의 처리, 제4장 개인정보의 안전한 관리, 제5장 정보주체의 권리 보장, 제6장 개인정보분쟁조정위원회, 제7장 개인정보 단체소송, 제8장 보칙, 제9장 벌칙으로 구성되어 있다. 개인정보보호법은 2011년 9월에 제정된 후 미비점을 보완하고 제도적 정비를 지속적으로 해왔다.

특히, 2014년 1월의 카드사 정보유출과 3월의 통신사 정보유출이 발생함에 따라 범정부 차원의 재발방지 대책을 마련하기 위하여 개인정보 정상화 7대 핵심과제를 발표하였다. 첫째, 쉽게 구제받고 확실한 책임을 묻는 '새로운 손해배상제도 도입', 둘째, 관련 범죄수익을 환수하고 '개인정보범죄에 대한 처벌 강화', 셋째, 신체·재산상 중대한 피해 등 불가피한 경우 주민등록번호의 제한적 변경 허용방안 마련, 넷째, 정부·국민이 함께 나서 인터넷·불법 유통시장에 떠돌고 있는 개인정보 삭제·파기, 다섯째, 통신사, 신용카드, 텔레마케팅 등 감독 사각지대에 대한 관리감독 강화, 여섯째, 개인정보 유출 예방을 위한 기업이 정보보호에 스스로 투자·예방하는 여건 조성, 일곱째, 법 집행력을 강화하도록 개인정보보호 관련 법률 및 행정체계 개편이다.

이러한 변화를 수용하여 최근 2015년 7월에 개정된 사항들은 대통령 소속 개인정보보호위원회의 총괄·조정 기능 강화, 개인정보보호 인증기관 지정 근거 마련 등 현행법의 운영상 미비사항을 보완하고, 징벌적손해배상제·법정손해배상제를 도입하여 개인정보 유출에 대한 피해구제를 강화하는 한편, 개인정보 불법 유통으로 얻은 범죄 수익을 몰수·추징하고, 부정한 방법으로 개인정보를 취득하여 영리 등의 목적으로 타인에게 제공한 자에 대한 벌칙을 신설하는 등 개인정보 범죄에 대한 제재수준을 강화하였다. 구체적으로 첫째, 개인정보보호위원회에 정책·제도 개선권고권 및 이행점검권, 자료제출요구권, 개인정보 분쟁조정위원 위촉권을 부여하는 등 개인정보보호위원회의 기능을 강화(제8조제4항·제5항, 제8조의2, 제11조제1항, 제40조제3항·제4항 및 제63조제4항), 둘째, 징벌적 손해배상제 및 법정손해배상제를 도입하여 개인정보 유출 등에 따른 피해구제를 강화(제39조제3항·제4항 및 제39조의2 신설), 셋째, 개인정보보호 인증기관의 지정 및 지정취소의 법적 근거를 명확화(제32조의2 신설), 넷째, 부정한 수단이나 방법으로 취득한 개인정보를 영리 또는 부정한 목적으로 제3자에게 제공한 자에게 10년 이하의 징역 또는 1억 원 이하의 벌금에 처하도록 하고, 개인정보 불법 유통 등으로 인한 범죄수익은 몰수·추징할 수 있도록 하는 등 제재수준을 강화(제70조 각 호 및 제74조의2 신설)를 포함한다(국가법령센터, 2015).

<표 5-5> 개인정보보호법의 구조

장, 절의 제목		각 조항의 제목
제1장 총칙 (제1~6조)		목적, 정의, 개인정보보호 원칙,[8] 정보주체의 권리, 국가 등의 책무, 다른 법률과의 관계
제2장 개인정보 보호정책의 수립 등(제7~14조)		개인정보보호위원회, 보호위원회의 기능 등, 개인정보 침해요인 평가, 기본계획, 시행계획, 자료제출 요구 등, 개인정보 보호지침, 자율규제의 촉진 및 지원, 국제협력
제3장 개인정보 의 처리	제1절 개인정보의 수집, 이용, 제공등 (제15~22조)	개인정보의 수집·이용, 개인정보의 수집 제한, 개인정보의 제공, 개인정보의 목적 외 이용·제공 제한, 개인정보를 제공받은 자의 이용·제공 제한, 정보주체 이외로부터 수집한 개인정보의 수집 출처 등 고지, 개인정보의 파기, 동의를 받는 방법
	제2절 개인정보의 처리 제한(제16~28조)	민감정보의 처리 제한, 고유식별정보의 처리 제한, 주민등록번호 처리의 제한, 영상정보처리기기의 설치·운영 제한, 업무위탁에 따른 개인정보의 처리 제한, 영업양도 등에 따른 개인정보의 이전 제한, 개인정보취급자에 대한 감독

제4장 개인정보의 안전한 관리(제29~34조2)	안전조치의무, 개인정보 처리방침의 수립 및 공개, 개인정보 보호책임자의 지정, 개인정보파일의 등록 및 공개, 개인정보 보호 인증, 개인정보 영향평가, 개인정보 유출 통지 등, 과징금의 부과 등
제5장 정보주체의 권리보장(제35조~ 제39조의2)	개인정보의 열람, 개인정보의 정정·삭제, 개인정보의 처리정지 등, 권리행사의 방법 및 절차, 손해배상책임, 법적손해배상의 청구
제6장 개인정보 분쟁조정위원회(제40조~ 제50조)	설치 및 구성, 위원의 신분보장, 위원의 제척·기피·회피, 조정의 신청 등, 처리기간, 자료의 요청 등, 조정 전 합의 권고, 분쟁의 조정, 조정의 거부 및 정지, 집단분쟁조정, 조정절차 등
제7장 개인정보 단체소송(제51조~제57조)	단체소송의 대상 등, 전속관할, 소송대리인의 선임, 소송허가신청, 소송허가요건 등, 확정판결의 효력, 민사소송법의 적용 등
제8장 보칙 (제58조~제69조)	적용의 일부 제외, 금지행위, 비밀유지 등, 의견제시 및 개선권고, 침해사실의 신고 등, 자료제출 요구 및 검사, 시정조치 등, 고발 및 징계권고, 결과의 공표, 연차보고, 권한의 위임·위탁, 벌칙 적용 시의 공무원 의제
제9장 벌칙 (제70조~제76조)	벌칙, 양벌규정, 몰수·추징 등, 과태료, 과태료에 관한 규정 적용의 특례
부칙	

출처: 국가법령정보센터

(4) 정보주체의 권리구제

개인정보보호법은 정보주체의 권리가 침해된 경우 이를 구제하기 위하여 손해배상제도, 개인정보 분쟁조정, 단체소송 제도를 마련하고 있다. 첫째, 손해배상제도의 경우 "개인정보처리자의 고의 또는 중대한 과실로 인하여 개인정보가 분실·도난·유출·위조·변조 또는 훼손된 경우로서 정보주체에게 손해가 발생한 때"에 그 손해액의 3배를 넘지 아니하는 범위에서 배상액을 중과하는 징벌적 손해배상제도(제39조 제2항)와 "개인정보 유출 피해 시 구체적 피해액 입증 없이도 법원 판결을 통해 정해진 일정금액(3백만 원 범위 내)"을 간편하게 보상받는 법정손해배상제도(제39조2)를 마련하고 있다. 둘째, "개인정보 침해로 인한 피해 발생 시 소송절차에 준해서 개인정보 분쟁조정만을 전문적으로 다루는 독립된 기구를 통해 피해구제를 받을 수 있는 제도"인 개인정보 분쟁조정제도를 마련하고 있으며(개인정보보호법 제6장), 셋째, "개인정보처리자가 집단분쟁조정을 거부하거나 결과를 수용하지 않을 경우 법에서 정한 자격을 가진 단체가 법원에 권리구제 침해행위의 금지·중지를 구하는" 단체소송을 제기할 수 있다(개인정보보호법 제7장).

(5) 정부 개인정보보호 인증제도

개인정보보호법 제13조(자율규제의 촉진 및 지원) 제3호의 '개인정보 보호인증 마크'의 도입과 정보통신망 이용촉진 및 정보보호 등에 관한 법률 제47조의3 제2항에 따른 개인정보보호 관리체계 인증에 따른 개인정보보호 관리체계 인증에 필요한 사항을 규정한 '개인정보보호 관리체계 인증 등에 대한 고시'가 개정되어 2016년 1월부터 통합 인증관리체계가 마련되었다. 이전에는 정보통신서비스 제공자를 제외한 공공·민간 사업자 대상으로는 행정자치부를 통해 한국정보화진흥원(NIA)이 수행하는 개인정보보호인증(PIPL, Personal Information Protection Level)과 방송통신위원회를 통해 한국인터넷진흥원(KISA)이 관리하는 정보통신서비스 제공자를 대상으로 하는 개인정보관리체계 인증(PIMS, Personal Information Management System)이 분리되어 있었다. 하지만 2014년 통신사와 카드사의 개인정보유출 사건에 대한 대책으로 마련된 개인정보보호 정상화 대책의 일환으로 2016년 1월부터 행자부와 방통위가 공동 관리하고 한국인터넷진흥원이 수행하는 PIMS 제도로 통합 운영된다. 최근 기업의 개인정보 이용 확산에 따라 사업자의 개인정보 침해 사고에 대한 자율적 예방환경을 만드는 데 기여할 것이다.

스마트시대의 개인정보보호 정책

1) 개인정보의 보호와 활용의 양립 문제

개인정보 문제와 관련하여 가장 첨예한 문제 중 하나는 개인정보의 활용과 보호를 둘러싼 대립이라 할 수 있다. 최근 빅데이터 분석이 각광을 받게 되면서 개인정보의 활용과 정보보호의 접점에서 고민하고 있다. 특히, 공공부문 빅데이터 분석의 주요한 목적 중에 하나는 개개인에 최적화된 서비스를 제공하고 예측하는 것이다. 이를 위해 개인정보가 포함된 데이터의 활용이 필요하지만 이는 개인정보보호 문제를 야기할 수 있다. 개인정보보호와 활용의 양립문제를 법제적으로 풀 수 있는 방법으로 1. 일반 법률의 제정을 통해 데이터 활용의 근거를 마련하는 방법, 2. 개별 법률의 제정을 통해 데이터 활용 근거를 마련하는 방법, 3. 기존의 법률하에서 데이터의 활용

영역을 발굴하는 방법 등이 가능하다. 개인정보와 관련된 문제에 정답은 없다. 법률적으로 푼다고 할 경우에도 바람직함의 정도는 3 > 2 > 1이나 현실적으로 가능한 정도는 1 > 2 > 3의 순서일 것이다. 하지만 이에 대한 궁극적인 방법은 국민들의 동의와 공감대를 통해 가능할 것이며 이에는 시간과 노력이 필요하다. 기타 공공의 이익을 위한 사용이나 연구를 위한 사용에 대한 면제 조항, 일단 사용하게 하고 불법, 오용에 대한 대가를 크게 지불하게 하는 네거티브 방식의 규제 방법 등도 고려할 수 있으나 현실적으로 쉬운 문제는 아니다. 시간이 걸리더라도 빅데이터 활용을 위한 준비단계에서부터 민간시민단체를 참여시킴으로써 개인정보 활용의 타당성과 유용성을 확보하는 방식이 필요할 것이다. 물론 이러한 개인정보보호와 활용의 양립 문제를 기술적으로 익명화를 통해 해소할 수도 있다. 하지만 현재 완전한 익명화 기술은 구현되어 있지 않다. 이 경우 개인정보를 1:1 매칭하는 정합 매칭 대신 주요한 속성을 연결하여 의미 있는 집단 단위로 분석하는 통계적 매칭도 한 방법이 될 수는 있을 것이다.

2) 잊힐 권리

2014년 EU는 '잊힐 권리'에 대한 논란에 불을 지폈다. 세계 최대 인터넷 검색 업체 구글에게 '잊힐 권리'를 적용하라고 요구한 것이다. 스페인의 마리오 코스테야 곤잘레스라는 사람은 자신의 압류 주택이 경매에 넘어간다는 신문기사가 여전히 구글 검색에 나온다며 구글을 상대로 법정싸움을 벌였고, 2014년 5월 EU의 최고재판소인 유럽사법재판소는 그의 손을 들어줬다. 개인의 사생활에 대한 권리를 검색엔진의 비즈니스 모델과 일부 표현의 자유보다 우선시한 것이다. 유럽사법재판소의 판결은 온라인상에서 잊힐 권리에 대한 획기적인 판결로 주목받았다. 구글 이용자는 누구나 구글에 자신의 정보를 지워달라고 요구할 수 있게 된 것이다. EU는 어떤 것을 지우고 지우지 않을지에 대한 '잊힐 권리' 가이드라인을 발표했다. 구글은 이 제도가 처음 실시된 2014년 5월부터 10월까지 14만 5,000건의 '잊힐 권리' 신청을 받아서 이 중 42%를 수용했다. 2014년 말까지 구글 검색 결과에서 삭제한 링크의 수는 100만 개에 육박했다. 우리나라도 잊힐 권리에 대한 법제화 논의가 본격화됐다. 포털 등 정보통신 제공자에게 자신과 관련된 정보를 삭제하거나 확산을 방지하도록 요청할 수 있는 권리를 명문화하자는 것이다. 하지만 이에 대한 부작용을 우려하는 목소리도 있어 정책적 균형점을 찾기 위한 논의가 더 필요할 전망이다(한국인터넷백서, 2015).

3) 개인정보의 침해

개인정보의 침해와 관련하여 국가에 의한 개입과 감시는 항상 주된 관심사였다. 2014년의 카카오톡 감청과 그와 관련된 사이버망명은 스마트시대에도 여전히 중요하며 민감한 문제이다. 더구나 2015년 애플 대 FBI 사건은 국가안보와 개인정보가 충돌할 경우 어느 것이 우선적으로 고려되어야 하는가에 대한 문제가 불거졌다. 2015년 12월 캘리포니아 샌버나디노 총격 사건으로 14명이 사망하고 22명이 부상하는 사고가 발생하였다. 이 사건을 해결할 자료를 얻기 위해 2016년 2월 LA 연방지법은 아이폰 잠금해제 명령을 내렸으나 애플은 고객의 보안과 프라이버시 위협 우려를 이유로 거부하면서 정면충돌하였다. 이 사건은 2016년 3월에 FBI가 서드파티 업체를 통해 아이폰 데이터에 접근하면서 마무리되었으나 반복될 수 있다는 점에서 개인정보보호의 정도와 관련된 중요한 과제를 안겼다. 한편 개인정보의 침해는 국가수준에서뿐만 아니라 기업에 의한 개인정보의 불법수집 및 활용 문제도 중요하게 떠오르고 있다. 구글 스트리트 뷰 사건이나 애플의 개인정보 저장 사건 등은 개인정보가 편히 쉴 공간이 없게 만드는 듯하다. 더구나 차량 블랙박스나 개인용 방법 CCTV 등이 증가하면서 개인 수준의 의도한 혹은 의도치 않은 개인정보의 수집이나 침해가 빈번하게 일어나고 있다.

카카오톡 사이버 검열 논란 및 익명 메신저 개발

2014년 9월 검찰이 일상적인 감시를 통해 온라인 명예훼손에 대해 선제적으로 대응하겠다는 뜻을 밝히면서 사이버 검열을 둘러싼 논란이 촉발됐다. 이를 둘러싸고 카카오톡 이용자들 사이에서 개인 대화가 사찰 대상이 될 수 있다는 우려가 커졌다. 처음 다음카카오는 "카카오톡에 대한 실시간 감청은 기술적으로 불가능하다"고 밝혔으나, 서버에 저장된 데이터를 사후 추출하는 방식으로 감청이 진행됐음이 밝혀졌다. 다음카카오가 공개한 자료에 따르면, 카카오톡 대화 내용에 대한 압수수색 영장의 집행요청 건수는 2013년 상반기 983건, 2013년 하반기 1,693건, 2014년 상반기 2,131건으로 증가했다. 모르는 사이 메시지가 감청을 당할 수 있다는 데 불안감을 느낀 사용자들은 사용 메신저를 '텔레그램'으로 바꾸는 이른바 '사이버망명'을 단행했다. 가입자들이 이탈하고 여론이 악화되자 다음카카오는 긴급 기자회견을 열었다. 종단 간 암호화 기술을 도입해 원천적으로 개인의 대화 내용을 알 수 없도록 보안을 강화하고 서버에 대화가 저장되는 기간을 2~3일로 줄이겠다는 계획을 발표했다. 이후 카카오톡은 비밀 채팅 기능을 새로 추가하였고, 플래시챗 같은 익명 기반 메신저도 잇따라 선보였다.

※ 출처: 『한국인터넷백서』 재정리, 2010~2015

4) 사이버보안 국제협력 논의: UN에서 사이버보안 논의

1988년 UN총회에서 국제안보의 관점에서 정보통신기술의 발전에 관한 사항을 매년 다루기로 한 후 2003년에는 사이버공간에서의 국제안보 문제를 다루기 위하여 정부 대표들로 구성되는 정부전문가 그룹(GGE, Group of Governmental Experts)을 구성하였다. GGE는 현재까지 4차에 걸쳐 구성되어 활동을 하였으며 우리나라는 1, 2, 4차에 참여하였다. 2015년 8월의 제4차 GGE 보고서는 국가의 책임 있는 행동을 위한 규범, 규칙, 원칙(norms, rules and principles for the responsible behavior of States)에 초점을 맞추면서 국가주권, 주권평등, 평화적 방법에 의한 분쟁해결과 무력사용의 자제, 인권의 존중과 같은 원칙들을 추가하였고, 신뢰구축조치와 사이버안보 분야의 협력을 위한 각국의 역량 강화를 집중적으로 다루어 성과를 도출하였다. 제5차 GGE를 위한 모임은 첫 2016년 8월 뉴욕에서 열리게 된다.

<표 5-6> UN 정부전문가 그룹 활동

제1차 GGE (2004~2007)	· 안보리 상임이사국 5개국을 포함한 15개국으로 구성 · GGE에서 다룰 구체적인 의제들에 대해 합의에 이르지는 못하고 입장차 확인
제2차 GGE (2009~2010)	· 향후 GGE에서 다루어야 할 의제에 대한 결과 보고서를 채택
제3차 GGE (2012~2013)	· 사이버공간에서의 위협을 식별하고, 회원국들 간 협력 사항 도출 · UN 회원국들에 대한 권고 마련 　- 국가의 책임 있는 행동에 대한 규범: 사이버공간이 물리공간과 동일하게 국제법의 규율 대상이 됨 　- 국가들의 자발적 신뢰구축 조치와 정보공유 강조 　- 지역적, 다자적 역량강화 협력을 통한 보안수준 향상
제4차 GGE (2014~2015)	· 3차 결과보고서에 다루어진 주제들에 대한 구체적 적용방안 논의 　- 새로운 사이버 '행위 규범' 승인 　- 신뢰구축 조치와 국제협력, 역량 구축 　- 국제법의 적용 방안

출처: http://www.un.org/disarmament/topics/informationsecurity/

빅데이터 활용과 정보보호가 윈윈하는 방법

2012년 세계경제포럼과 가트너 10대 기술로 빅데이터가 등장한 이래, 최근 데이터의 중요성이 더욱 부각되고 인공지능 등 신기술의 핵심으로 빅데이터가 사용되면서 상용화에 대한 국내외 관심 역시 매우 뜨거워지고 있다.

반면 정보기술 발전으로 개인정보 유출 및 오남용 위험성이 증가하면서 전 세계적으로 개인정보보호 강화를 위한 법제가 일반화되고 있다. 특히 우리나라에서는 2011년 농협사태 등을 겪으면서 정보활용보다는 정보보호를 훨씬 더 중요시하게 되었다.

한국은 높은 정보통신 인프라 보급률 및 신용카드 사용률 등으로 인해 빅데이터의 보고로 여겨진다. 2015년 기준 한국의 인터넷 보급률은 94%, 스마트폰 보급률은 88%, 신용카드 사용률은 73%로 모두 세계 1위이다. 그러나 축적된 데이터를 활용한 서비스 및 산업은 개인정보보호와 관련한 여러 가지 규제로 인해, 관련 산업 발전이 제한적이며, 성장에 어려움을 겪고 있다. 이는 개인정보를 수집 및 처리하는 과정에서 엄격한 고객 사전동의(Opt-in) 방식을 적용하기 때문이다. 빅데이터 활용을 위해 수백, 수천만 명에 이르는 고객들에게 일일이 동의를 진행해야 하는, 현실적 한계를 어떻게 해결할 것인가? 그렇다면 정보보호와 정보활용은 서로 양립할 수 없는 물과 불 같은 관계인가?

미국의 경우 공공기관은 프라이버시법에 의거 개인정보 사용이 엄격히 금지되어 있지만, 민간기관의 경우 자율규제 기반하에, 고객정보 비식별 처리 등 적절한 보호조치를 통한 고객 사후동의(Opt-out) 방식의 개인정보 활용을 허용하고 있다. 이를 통해 빅데이터를 이용한 다양한 서비스의 개발과 확산이 이미 오래전부터 진행되어 왔고, 관련 기술도 빠르게 발전하고 있다.

대표적인 빅데이터 분석 활용 사례인, CLO(Card Linked Offer) 서비스는, 2008년부터 고객의 결제 정보 분석을 통해 고객 맞춤형 혜택을 제공해왔다. 이로 인해 소비자는 필요한 시점에 적절한 혜택을 제공받음으로써, 기존 마케팅 방식 대비 월등한 만족도를 갖게 되었고, 금융기관과 가맹점은 마케팅 비용을 절감하고도 매출을 높이는 획기적인 성과를 달성하고 있다. CLO를 위한 빅데이터 분석 서비스는 Cardlytics, Affinity, EDO 등 전문 플랫폼사를 통해 서비스가 활성화되고 있다. Bank of America의 경우는 Cardlytics에 비식별 처리된 거래 정보를 제공하고, Cardlytics는 거래 정보에 대한 직접적 소비 및 연관 분석 등 다양한 빅데이터 분석을 통한 고객군별 혜택 서비스를 추천함으로써 고객과 가맹점에 높은 만족도를 제공하고 있다. 고객정보보호를 위해, 플랫폼사인 Cardlytics는 개인식별정보(Personally Identifiable Information, PII)를 금융사로부터 전혀 제공받지 않는 것과 함께, 고객이 Bank of America에 Opt-out 방식으로 해지 요청을 할 경우, 해당 고객의 비식별화된 결제 정보를 더 이상 분석에 활용하지 못하도록 하고 있다.

소셜 네트워크 분야에서도 개인정보 비식별화 서비스는 적극적으로 성장하고 있다. Living Social이나 My Linkables는 고객정보에 대한 철저한 비식별 처리를 통해, 고객정보를 보호하고, 더불어 빅데이터 분석을 통한 다양한 혜택 서비스를 제공하고 있다. 웰니스(Wellness) 분야에서도 개인정보 비식별 처리를 통해 병원, 헬스센터, 웨어러블업체, 식품회사, 제약회사, 보험회사, 편의점 등이 연결된 새로운 융합서비스를 준비하고 있다. 이와 같이 빅데이터를 활용한 개인정보 비식별화 서비스는 최근 클라우드 기반하에 더욱 유연성이 높은 서비스로 확대되고 있고, 미국에서 가장 성장성 높은 신기술을 활용한 사업모델 중 하나로 평가받고 있다.

물론 빅데이터 활용을 위해서 필수불가결한 정보보호 규제를 풀라는 것은 아니다. 다만, 무분별한 정보보호 규제 때문에 미래산업인 빅데이터 산업의 경쟁력이 뒤처지는 것은 문제가 있어 보인다. 과거 전 세계가 하드웨어산업으로 경쟁하였고, 지금까지는 소프트웨어산업으로 경쟁하였다면 이제는 데이터산업으로 경쟁하여야 한다. 정확한 정보보호제도를 적용하는 것은 새로운 산업을 창조하고 기존 산업을 활성화할 수 있으며 개인도 안심하고 새로운 혜택을 누릴 수 있다. 이런 점에서 정보활용과 정보보호라는 두 마리 토끼를 잡을 수 있는 개인정보 비식별화 제도는 철저한 준비와 함께 적극적으로 추진되어야 한다.

경희대학교 박주석 교수(jspark@khu.ac.kr)
2017.01.17.

제6장
스마트위험사회의 정보정책을 위한 제언

스마트위험사회 정보정책의 기본 방향

정보통신기술의 급속한 변화 환경 속에서 우리는 항상 그 변화의 속도에 따라가기에도 급급하였다. 더구나 정보통신기술의 발전으로 인한 산업의 발전이 우리나라에서는 늘 주된 관심의 대상이 되어 왔기에 그동안 정보통신기술이 개인과 사회에 미치는 경제적 효과 이외의 사회·문화적 효과들에 대해서는 미처 정리하지 못한 채 늘 차기의 과제로 남겨두는 경향이 있어 왔다. 하지만 정보정책 분야에서 현실과 정책의 간극이 존재한다는 것을 깨달을 때는 이미 그 격차가 심각하게 고려해야 할 정도인 경우가 많다. 지금 우리나라의 경우 정보통신기술의 변화 속도만큼 그에 영향을 받는 정보격차, 사이버 중독, 사이버폭력, 개인정보보호, 정보보안, 정보신뢰와 윤리, 정보 문화의 다양한 부분에 대한 체계적인 연구가 정보정책이라는 범주화에서 이루어지기보다는 개별 부처나 기관별로 필요한 정책을 PC

시대의 연장선상에서 유지하는 것에 가깝다. 급격한 변화의 시기에 정보정책의 적실성 있는 수립과 집행을 위해 필요한 제언을 정보정책의 방향, 정보정책 체계화를 위한 정책과제, 증거기반의 정책 토대 마련을 위한 연구 촉진의 차원에서 살펴본다.

1) 변화하는 기술과 현상의 이해

세상은 점점 더 빨라지고 있다. 1980년대 정보화의 새로운 물결이 도래한 이래 유비쿼터스시대, 모바일시대, 스마트시대, 그리고 2017년 지능정보시대까지 변화의 속도와 그 강도는 점점 더 강해지고 있다. 2010년을 전후한 스마트폰의 확산은 언제, 어디서나 연결되는 초연결 사회로의 변화를 알렸으며, 그 과정에서 Internet of Thing, Big Data, Cloud Computing 등의 기술들이 변화의 새로운 국면들을 만들어왔다. 그리고 2016년은 4차 산업혁명(the Fourth Industrial Revolution)의 등장과 인공지능(Artificial Intelligence)의 재조명으로 큰 변혁의 물결을 맞이한 기간이라 할 수 있다. 새로운 변화는 우리에게 기회와 과제를 동시 안겨준다. 변화의 큰 흐름에 선제적으로 대응하기 위해서는 다가올 미래에 대한 정보와 변화에 대한 예측을 바탕으로 기회를 촉진하고 위험을 관리해야 한다. 특히, 정보정책 분야는 그 변화가 1~2년이면 새로운 기술이 나오고 그에 따른 사회변화의 요구가 수반되는 경우가 빈번하여 잠시라도 변화와 그 영향력에 눈을 떼어서는 안 된다.

<그림 6-1> 지능정보시대의 기술과 서비스

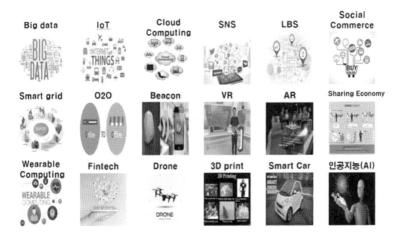

최근 지능정보시대의 도래는 새로운 부가가치의 창출과 생산성의 증대, 인간의 편의성 제고와 삶의 질 증진이라는 새로운 기회를 가져다 줄 것이지만 동시에 인공지능과 로봇에 의한 일자리 대체, 인공지능의 자율성과 책임성을 둘러싼 윤리적 문제를 동시에 우리에게 던질 것이다. 어쩌면 필요한 것은 개별 변화에 대한 법규의 마련 못지않게 보다 근본적인 규범의 재정립의 필요성이 다가온 것인지도 모른다.

2) 사이버규범의 재정립

오늘날 인간은 두 개의 공간에서 살고 있다. 인류의 역사와 함께하는 오프라인 공간은 수천 년의 역사를 지니고 있지만, 인터넷의 발전으로 시작된 온라인 공간은 30여 년의 짧은 역사를 가지고 있다. 하지만 IT의 발전에 따라 온라인 공간의 영역과 영향력은 빠르게 확대해가고 있다. 스마트기기의 도입과 무선인터넷의 활성화는 언제 어디서나 온라인 공간에 접속이 가능한 초연결시대의 도래를 알리고 있다. 사물인터넷과 웨어러블 컴퓨팅, O2O의 발전에 따라 온라인과 오프라인의 경계는 점점 희미해져 가고 있다.

온라인 공간은 여전히 오프라인의 연장선 혹은 일부로 여겨지기도 하지만, 스마트시대로 전환되면서 온라인 공간은 우리 생활에 훨씬 더 깊게 영향을 미치고 있다. 온라인 공간에서의 활동 범위는 초기에 정보 획득을 위한 목적을 넘어 오락이나 미디어 감상을 위한 개인적 공간, 그리고 사회적 교류와 거래를 위한 상호 공간으로 확대되어가고 있다.. 또한 주로 오프라인에서 논의되던 개인정보 침해, 사이버폭력, 중독, 불건전 정보의 전달과 정보의 왜곡 등은 인터넷에서도 심각한 사회문제로 주목받고 있다.

지금까지 ICT의 발전과 인터넷 확산의 논의는 새로운 매체로서 인터넷의 접근이나 기기의 활용, 다양한 서비스의 활용 가능성 등의 기능적·미시적 접근성 관점에서 다루어져 왔다. 이에 반해 인간의 새로운 삶의 공간으로서 사이버 세상의 지속적인 발전의 가능성을 모색해보는 인식적·거시적 관점의 고민은 초기 단계에 머물고 있다. 이 연구는 온라인 공간의 지속적 발전의 가능성을 사회적 자본의 관점에서 재검토할 필요가 있다. 인적 자본이나 물적 자본과 구분되는 자본으로서 사회적 자본이 사이버공간에서 어떻게 형성되고 있으며, 사회적 자본의 형성 영향요인들을 분석하려는 노력을 통해 미래의 인터넷 정책을 설계할 필요가 있다.

3) 정보통신기술과 사회의 양립

　기술의 발전과 사회진보 간의 관계를 둘러싼 20세기의 긴 논의는 기술결정론(Technological Determinism)의 역사이기도 하다. 기술의 개발과 사용이 사회변화의 방향과 속도를 결정한다는 기술결정론적 사고에 대한 옹호론과 비판론은 기술사회에서 인간의 존재와 역할에 대한 비판론적 인식과 더불어 역사적으로 고찰되어 왔다.

　기술결정론의 관점에서 정보통신기술의 발전과 정보사회(information society)의 도래는 사회의 발전을 위한 결정적인 동인이 될 뿐 아니라 기술자율성에 의해 사회를 변화시키는 독립변수이다. 이러한 관점에서는 설사 변화의 초기단계에는 기술과 사회의 수용 간 격차가 발생하더라도 성숙단계에 이르게 되면 이는 자연적으로 해소될 수 있다는 정보사회에 대한 긍정론적 관점으로 이어지게 된다. 이와는 대조적으로 사회결정론 혹은 사회구성론에 의하면 정보통신기술의 발전이 변화의 동인을 제공한다고 하더라도 결국 기술의 지속성과 유용성은 결국 해당 사회와 문화의 수용 여부에 의해서 결정되며, 해당 과정에서 발생하는 부작용이나 오남용의 문제를 고려하는 것이 반드시 필요하게 된다.

　따라서 기술결정론과 사회구성론의 논쟁에서 전개되었던 기술결정론에 대한 다양한 스펙트럼과 기술과 사회의 관계에 대한 유기적인 논의는 기술결정론과 사회구성론의 이론적 간극을 줄일 수 있는 인간의 노력과 시도에 관심을 기울이게 된다. 특히, 정책의 측면에서 기술의 단선성과 사회의 복잡성을 연결하고 기술이 사회에 연착륙할 수 있는 방안을 고려하는 것은 매우 중요한 일이며 필요한 과제이다. 즉 정보통신기술의 발전과 이에 따른 새로운 서비스나 산업의 등장이 어떻게 사회에 수용될 수 있을까 하는 논의는 정책이나 제도의 수립에서 핵심적으로 고려되어야 한다.

체계적 정보정책 수립을 위한 정책 과제

1) 정보정책의 개념과 범위, 대상의 재정립

정보통신기술의 변화가 사회에 미치는 영향은 정보화사회, 유비쿼터스사회, 모바일사회, 스마트사회 등의 용어로 지칭되어 변화해 왔으며, 인공지능과 4차 산업혁명이 가져올 사회를 벌써 지능정보사회 등의 용어로 서술하기도 한다. 어떻게 보면 이런 용어들은 학술적이라기보다 현상을 표현하는 용어에 가깝지만 적어도 용어의 변화가 의미하는 바나 변화로 인한 정책 대응의 방향이나 방안에 대한 사회적 합의를 구성해나갈 필요가 있다. 더 나아가 새로운 시대용어로의 변화가 필요한 것인지, 필요하다면 이전 시대와 비교하여 어떤 점에서 연속적이고 어떤 점에서 차별적인지 등에 대한 정리가 지속적으로 필요하다.

한편으로 오늘날 정보정책에서 가장 어려운 점 중 하나는 정보정
책이 정확하게 무엇을 의미하는 것인지, 어떤 것들을 정보정책의 범
주에 넣어야 하는지, 그 정책대상의 속성이나 특성, 대상이 누구인지
등에 대해 명확한 정의나 범주화가 이루어지지 않고 있다는 것이다.
사실 정보화정책, 정보통신정책, 전자정부정책이 어떤 차이가 있는지
도 명확하지 않다. 유사한 개념인 정보, 정보화, 국가정보화, 정보통
신, 정보통신산업이 각각의 법에서 조금씩 다른 의미로 사용된다.

<그림 6-2> 정보 관련 용어의 법적 정의

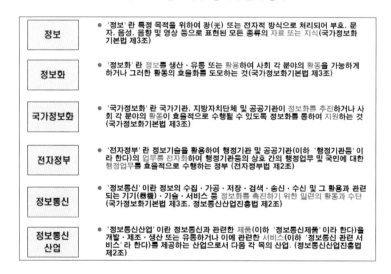

이 책에서 사용된 "정보정책이란 개념은 국가정보화정책 중 민간
산업분야나 공공기관의 정보화를 제외한 일반국민과 관련된 사회정
책에서 정보이용의 보편성을 확보하고 역기능을 방지"하는 것에 주
로 초점을 맞추고 있다. 하지만 정보정책을 위와 같이 보더라도 정

책 과정에서 다시 유사한 용어와의 분류에서 어려움에 부딪힌다. 정보정책, 정보화정책, 인터넷정책, 사이버정책, 사이버문화정책 등 유사한 수준, 혹은 다른 수준 간 정책 범주들이 정리되지 않은 채 유사하게 편의적으로 사용되고 있는 것이다. 용어를 정리하려는 노력은 빈번이 만만하지 않은 양과 단기간에 끝나지 않을 쟁점의 다양성에 곤혹스러워하게 된다. 해당 분야의 학자들도 '정보정책이 무엇이며, 어떤 정책기능과 범주까지 정보정책에 포함시켜야 하는가?'에 대해 명확한 대답을 하기 어렵다. 더구나 정보정책의 각 분야, 정보격차나 사이버불링, 사이버중독, 정보보호 등으로 옮겨갈 경우 이러한 용어의 파편화나 유사개념과의 혼동은 더욱 복잡하게 일어난다. 정보격차, 디지털격차, 사이버격차, 미디어격차 등의 유사개념과의 차이와 특징, 사이버불링, 사이버폭력, 인터넷폭력, 사이버왕따, 사이버따돌림의 유사용어들과 관계, 인터넷중독, 스마트폰중독, 게임중독, 인터넷과몰입, 게임과몰입 등의 용어 정리, 정보보호, 개인정보보호, 사이버보안, 사이버안보, 정보보안 등의 용어 등이 유사하면서도 또 각기 다른 상황과 집단에서 편의에 의해 사용되고 있는 것이 현재의 상황이다. 이러한 용어들과 정의와 하위범주 분류 등이 정리될 때 이론화를 위한 가장 기초적인 작업이 이루어지는 것이다. 더구나 이러한 정의와 범주는 기술환경의 변화에 따라 언제든 변화 가능성이 있다는 점에서 지속성과 변동성을 동시에 유지할 수 있어야 한다.

2) 정보정책 거버넌스의 재정비

정보정책이 보다 체계적으로 이루어지기 위해서 정부 내 추진체계가 정비될 필요가 있다. 현재 정보화정책의 주무부처는 국가정보화 기본법의 주무부처인 미래창조과학부이지만 각 세부정책의 성격과 대상에 따라 다른 부처에서도 정보정책을 담당하고 있다. 정보격차의 경우 지역정보격차 문제에 대해 행자부가 교육관련 부분에서는 교육부, 방송통신위원회 등이 해당 분야의 보편적 서비스와 정보격차 문제를 담당하고 있다. 사이버중독의 경우에는 미래창조과학부와 함께 여성가족부가 청소년, 아동 등에 대한 중독 정책에 관여하고 있으며, 사이버폭력은 정책 성격과 범위에 따라 미래창조과학부, 방송통신위원회, 교육부, 경찰청 등이 관련 정책을 분담하고 있다. 개인정보보호 정책의 경우 행자부, 개인정보보호위원회, 방송통신위원회, 미래창조과학부가 담당하고 있으며, 정보보안의 경우 국정원, 미래창조과학부, 경찰청, 국방부 등이 분산적으로 역할을 분담하고 있다. 정책결정과 집행에 있어 집중형과 분산형은 각각 장단점이 있지만, 정보정책에서는 정보정책의 범위나 역할 구분이 정책의 분류나 기준에 따라 국가적 수준에서 이루어진 것이라기보다 각 부처 수준에서 정비된 것에 가깝다. 또한 개별적 정보정책 분야뿐 아니라 각 정보정책 분야가 유기적으로 연계되고 효과적으로 작동하기 위해 정보정책의 전체 기능과 범위를 고려한 거버넌스 조정방안이 요구된다.

또한 정책집행에 있어서도 정부가 모든 예방과 처방을 하기에는 한계가 있다. 유아동이나 청소년 중독의 경우 정부, 학교, 가정 등의

민관 거버넌스가 필요하며, 사이버폭력이나 개인정보보호 등의 많은
정책영역들이 정부와 민간의 협력에 의해 훨씬 효과적으로 시행될
수 있다.

3) 증거에 기반한 정책의 수립

개념적으로 증거기반정책이란 정책개발과 집행에 있어 최선의 증
거를 활용해 정책, 프로그램에 대한 숙고된 결정을 내리는 것을 의
미한다(Davis, 1999). 증거기반정책이란 단지 수집된 객관적 증거를
통해 정책을 결정 판단한다는 의미와 함께 축적된 증거를 통해 정책
학습을 가능하게 하여 정책진화가 가능하게 되는 과정 전체를 의미
하게 된다(이삼열 외, 2009; Bronk, 1998). 이때 증거는 이론과 사례
를 통해 배우는 지식이나 경험으로부터 배우는 지식, 권위자의 의견
이나 전문가의 보고서로부터 나오는 2차적 지식도 포함된다(Gilgun,
2005; Gray, 1997).

정보통신 부문은 다른 어떤 정책 분야보다도 정책환경의 변화가
빠르며, 정책의 변화가 정보통신기술의 발전에 민감하다. 따라서 똑
같은 개념이나 정책이라도 시대 변화에 따라 의미하는 바가 다를 수
있고, 정책목표를 달성하기 위한 정책수단의 효과가 동일하지 않을
수도 있다. 예를 들면 1980년대 정보격차 문제를 해소하기 위해 PC
의 접근성을 올리는 것이 매우 중요하였고, 이를 위한 정책수단으로
서 사설 학원 등을 통한 PC 교육이 중요하게 고려되었다. 하지만 현
재 정보격차문제의 문제에 있어서는 첫째, PC 접근성뿐 아니라 스
마트폰과 같은 새로운 기기에 대한 접근성을 올릴 수 있는 방안이

필요하며, 둘째, 이러한 접근성 격차를 줄이기 위해 교육의 효과가 예전만큼 여전히 중요한가에 대해서도 확인이 필요하다. 오히려 PC보다는 스마트기기를 통한 정보격차가 우선적으로 고려되어야 하는 경우도 많으며, 이러한 스마트기기의 접근성을 올리는 방법은 학원교육이 아닌 유튜브나 인터넷 사이트를 통한 자기학습이나 지인들을 통한 학습을 통해 이루어지는 경우가 더 많을 수 있다. 이러한 추정이 정보격차에 대한 지금의 상황을 잘 반영하는지를 확인하고 정책을 수립하는 데 불확실성을 줄이기 위해 객관적 증거가 필요하게 된다. 즉 스마트폰과 인공지능 연계 기기들이 등장하는 지금에도 PC시대와 같은 학원 혹은 집단교육에 의한 사용법 교육이 여전히 유효한지, 새로운 정책수단적 접근이 필요하다면 변화된 정책환경 속에서 어떤 것이 더 나은 것인지 증거를 통해 판단할 수 있어야 한다. 이러한 객관적인 증거에 기반한 정책들은 정책환경의 변화가 빠른 상황에서 정책의 불확실성과 실패를 줄이고 효과적인 정책을 개발하기 위해 더욱더 중요해질 것이다.

이러한 증거 기반한 정책분석을 소수의 정책담당자들이 모두 담당하기는 힘들다. 객관적 증거의 체계적 수집과 이를 통한 분석, 분석 결과의 해석, 이에 기반한 정책의 개발과정에서 정책결정기관과 지원기관으로서 공공기관, 분석가 집단의 협업은 중요한 의미를 갖는다. 이러한 의미에서 증거기반 정책의 성공적 실현을 위해 연구공동체의 유기적 협업이 한 방안이 될 수 있다.

증거기반 정책을 위한 연구 방안

1) 정보정책 대상과 현황 수준의 정확한 파악

정책의 시작은 정책대상에 대한 정확한 현황파악에서부터 시작한다. 이러한 현황파악 혹은 실태조사의 자료는 텍스트(text)의 형태뿐아니라 많은 경우 설문조사와 같은 방법을 사용하여 숫자 형태의 양적 데이터로 축적된다. 이러한 현황 수준의 파악과정에서 다음과 같은 몇 가지 사항에 유의할 필요가 있다. 첫째, 이론에 기반한 정책도구의 개발이 이루어지도록 노력해야 한다. 이론이란 두 개 이상의 개념 간의 관계를 나타난 것으로서 개념에 대한 하위요소에 대한 분류나 조작적 정의의 과정에서 지표의 개발이나 측정도구의 조작적 정의에 큰 도움을 줄 수 있다. 또한 이론에 기반한 정책도구의 활용은 현상에 대한 원인을 파악하거나 결과에 대한 논리적인 해석에도 도움을 줄 수 있다. 둘째, 정책현황에 대한 이해는 변화하는 현황들을 정확히 진단하고, 분석할 수 있는 능력이 기반으로 하는 것이며, 이는 단순한 실태조사 이상의 데이터에 대한 분석능력을 요구한다. 즉 현황파악 단계에서부터 현황파악-분석-해석-적용의 전 과정을 이해할 수 있는 정책분석가로서 능력이 필요하다. 셋째, 정보정책에서 정책대상에 대한 이해를 재고할 필요가 있다. 특히 최근의 정보정책은 국민이라는 단일집단이 아닌 유아동, 청소년, 성인, 노년층에 따른 특색을 뚜렷하게 띠고 있으며 각 집단도 하부의 세분화된 집단수준에서 그 정책대상으로서 특징을 가지는 등 정책대상의 범위와 다양성이 증가하고 있다. 또한 정보정책의 취약계층도 예전의 전통적인 농어촌, 노년층, 장애인 등의 영역에서 이주민, 다문화 계층 등과 같은 다양한 형태로 파생되고 있다. 이러한 정책대상에 대한 이해를 바탕으로 현황 분석을 때로는 통합적으로 때로는 세분화하여 할 필요가 있다. 예를 들면 고령화로 인해 노년층에 대한 관심과 사회정책 필요성이 높아지는 것을 반영한다면 60대 이상에 대한 표본을 보완하는 일 등은 매우 중요하다.

2) 활용성 높은 데이터의 수집과 개방

증거기반의 정책분석의 질은 이론에 기반한 분석도구의 개발, 신뢰성 있는 데이터 수집, 자료 분석방법의 타당성으로부터 나온다. 데이터 수집은 전체 대상(모집단)으로부터 전체를 대표할 수 있는 표본을 추출하고 표본들로부터 정확한 응답을 받아내는 과정이다. 과거에 정보정책의 각 영역에서 많은 실증분석이 이루어져왔지만,

데이터의 신뢰성으로 인한 한계 때문에 그 분석 결과에 대한 신뢰성이나 일반화 가능성이 의문시되는 경우가 많았다. 개인 수준에서 이루어지는 많은 자료수집은 표본 프레임의 설정 등에 한계가 있고, 수집에 있어서도 임의적 표본수집으로 이루어지는 경우도 많을 수밖에 없다. 그럼에도 불구하고 연구설계에 맞춘 데이터 수집의 어려움을 감안한다면 의미 있는 연구라 할 수 있을 것이다. 하지만 최근 공공기관들에서 전국수준에서 수집한 데이터를 공개하기 시작하고, 국가통계 승인을 받은 양질의 데이터들도 정보정책 연구에 사용됨으로 결과의 신뢰성 및 일반화 가능성도 증가하고 있다. 데이터의 수집과 축적과 관련하여 유의해야 할 몇 가지 사항은 다음과 같다. 첫째, 이론에 기반한 지표와 측정도구를 통해 설문 등의 자료조사를 함으로써 신뢰성 있는 데이터를 축적하여야 한다. 단, 현재 거의 모든 정보정책 데이터들이 단년도 횡단면 데이터를 중심으로 이루어지고 있는 것을 고려할 때, 앞으로 패널데이터의 구축을 적극 검토해볼 만하다. 패널데이터는 단년도 데이터에 비해 수집 비용이 몇 배나 더 들고, 장기간 패널데이터의 축적까지 걸리는 시간과 노력도 상당하다. 따라서 개인수준에서는 패널데이터, 특히 설문에 기반한 데이터를 축적하는 것은 매우 어려운 일이다. 패널데이터는 횡단면과 종단면을 동시에 포함한 데이터로서 동적 분석이 가능하며, 개체들의 관찰되지 않은 특성요인을 모형에서 고려할 수 있게 해주며, 회귀모형에서 다중공선성을 완화시키고 변수들의 변동성을 높임으로써 효율적인 추정량을 가능하게 하는 장점이 있다. 더구나 정책의 효과 분석이나 효과 예측을 위한 모델을 작성할 때 가장 좋은 데이터의 유형이라 할 수 있다. 최근 주요 연구기관이나 현황 조사들은 상당수가 패널데이터를 사용하고 있다. 둘째, 축적된 데이터의 공개를 포함한 적극적인 활용 노력이 필요하다. 데이터 개방의 측면에서 보면 예전에 비해 공공데이터의 개방이 상당히 증가한 것은 사실이지만 여전히 적극적 개방이라기보다는 법제도에 의한 수동적 개방의 경향을 띠는 경우도 많으며, 개인정보보호나 민감정보를 이유로 공개하지 않는 경우도 매우 많다. 데이터가 의미를 가지고, 정책에 활용되어 의사결정에 도움을 주고, 공개된 데이터를 통해 더 나은 지표와 척도로 발전하는 데이터 생태계의 선순환을 위해서도 반드시 데이터의 개방 생태계 형성이 필요하다. 이를 위해 데이터를 활용한 학술대회 등의 개최도 고려할 만하다. 이를 통해 다양한 분야의 전문가들의 데이터 활용법이나 분석방법을 살펴보고 정책에 대한 조언도 얻을 수 있을 것이다.

3) 연구방법의 다양화

정책연구에 있어 현상을 설명할 수 있는 이론적 시각과 모형, 이를 실증적으로 분석하고 해석할 수 있는 방법론의 모색은 매우 중요하다. 이런 면에서 정책분석은 현실의 문제들에 대한 해결방안을 탐색하고 조사하며 찾아내는 다양한 과정과 방법론을 포함한다 (W.Dunn, 2012; 남궁근 외 역, 2013). 일반적으로 이러한 정책분석 방법론은 질적 방법론과 양적 방법론의 두 종류로 나누어진다. 대표적인 질적 분석방법으로는 내용분석, 심층인터뷰, FGI, Q-방법론, 브레인스토밍, 델파이분석 등이 있으며, 양적 방법론으로는 비용-편익 분석, 서베이 분석, 시계열 분석, 메타분석, AHP, 계량 분석, 시

뮬레이션 등이 있다. <그림 6-3>은 정책분석의 다양한 방법론을 잘 소개하고 있다.

정책분석이 정확한 효과를 발휘하기 위해서 연구목적에 적합한 최적의 방법론을 구상하고 이러한 방법론을 적용한 분석이 가능하도록 적합한 자료들을 객관적 방법으로 수집하여야 한다. 따라서 <그림 6-3>의 다양한 방법론들이 어떤 목적을 위해 어떻게 사용되는지 이해하는 것이 매우 중요하다.

<그림 6-3> 정책분석 방법론(남궁근 외 역, 2013)

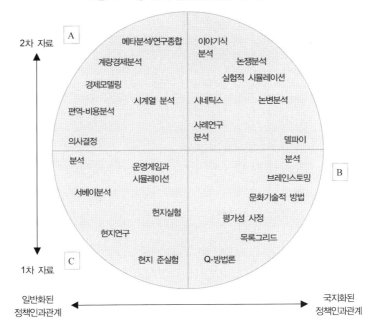

지속가능발전을 위한 정보정책

새로운 정보통신기술의 발전은 우리에게 기회와 위험의 양면을 동시에 준다. 새로운 제품이나 서비스의 등장은 우리의 삶에 편의성을 제고하고 신기술로 인한 신산업의 성장은 시장경쟁력과 국가발전을 위한 원동력이 될 것이다. 하지만 동시에 기술 그 자체가 사회의 발전을 의미하는 것은 아니며, 오히려 사회에 적용·수용되는 과정에서 기존의 제도나 문화와 충돌하여 갈등을 일으키거나 수용의 과정에서 오랜 시간이 걸리기도 한다. 정보격차나 사이버폭력, 사이버중독, 개인정보보호, 정보보안 등과 같은 정보정책은 새로운 기술과 서비스의 개발이 인간에게 미칠 수 있는 불평등과 격차, 삶의 질과 행복 등에 관한 문제에 대해 다시 고민하게 만든다. 사실 정보정책의 모든 분야는 해당 분야의 발전으로 인한 편의성이나 효율성, 유용성 등의 긍정적 측면과 격차, 불평등의 확산 가능성, 기술과 서비스의 오용·남용 문제로 인한 부정적 측면을 동시에 가지고 있다. 이는 PC시대와 모바일시대, 스마트시대, 그리고 앞으로의 지능정보시대에도 동일한 속성을 가지고 전개될 것이다. 그 과정에서 긍정적 측면은 촉진하고, 부정적 측면은 완화하는 것이야말로 정보정책의 역할이라 할 것이다. 그 과정에서 기술의 발전, 법제의 개편, 인식문화의 확산 등과 요소들이 결합됨으로써 사회의 균형적인 발전을 도모할 수 있을 것이다. 지속가능한 발전을 위한 균형 있는 사회의 구현이야말로 정보정책이 지향해야 할 궁극적 방향이라 할 수 있다.

• 주 •

1 UN 회원국들의 전자정부 준비상태를 비교 평가하는 지수로서, 웹 수준, 정보통신 인프라, 인적자본 등의 3개 하위지수로 구성.
 - 웹 수준 지수는 전자정부 서비스 및 기능 제공 여부로 UN이 직접 평가
 - 정보통신 인프라 지수는 PC 보급률, 인터넷 이용자, 전화 회선, 온라인 인구, 이동전화 가입자, TV 보급 등으로 평가
 - 인적자본 지수는 성인 식자율, 취학률로 평가
 * 전자정부 지수평가는 03년부터 실시, 08년부터 격년 발표

2 ICT에 대한 접근성, 이용도, 활용력 등의 지표를 활용하여 각국의 ICT 발전정도 및 정보격차를 평가하는 지수.
 - ICT 접근성: ICT 인프라를 평가
 - ICT 이용도: ICT 이용 현황을 평가
 - ICT 활용력: ICT 활용 기술 및 교육을 평가
 * 평가는 전년도 통계를 기준으로 함(예: 2015년 평가는 2014년 통계기준)

3 1제타바이트는 1,024엑사바이트(1EB=1,024PB)로 1조 1,000억 기가바이트(GB), 10의 21승 바이트에 해당된다. 1제타바이트는 3MB 안팎의 MP3 곡을 281조 5,000억 곡을 저장할 수 있는 용량이며, 미국의회도서관이 소장한 정보량을 약 40,000여 번 담을 수 있는 양이다.

4 정보사회가 진전될수록, 사회경제적 계층, 성별, 세대(연령), 지역의 차이에 의해 정보에의 접근과 이용이 용이한 계층과 그렇지 못한 계층 간의 격차, 즉 정보격차가 발생하게 된다. 이렇게 발생하는 정보격차는 정보취약계층의 소득과 삶의 질 저하, 사회참여 기회 축소 및 계층 간 빈부격차 등을 심화시켜 사회통합에 지장을 초래하기에 정보화가 진전될수록 정보격차 해소의 중요성은 날로 커지고 있다. 특히 정보에 대한 접근격차는 정보격차 해소를 위한 우선적 과제로 사회적·경제적·지역적 차이에 관계없이 누구나 쉽게 정보에 접근 가능한 환경을 제공하는 것이 정보격차 해소를 위한 기본적 수단이다(국가정보화백서, 2015).

5 국가표준 '한국형 웹 콘텐츠 접근성 지침 1.0.'
 1. 2005년, 지침을 웹 접근성 국가표준으로 지정
 2. 2009년, 국가표준 1.0을 준수하기 위한 해설서인 '웹 접근성 향상을 위한 국가표준 기술 가이드라인 발표'
 3. 2010년, 웹 접근성 국제 표준인 'WCAG 2.0'의 내용을 반영하여 '한국형 웹 콘텐츠 접근성 지침 2.0(KICS.OT-10.0003/R1)'으로 웹 접근성 국가표준을 개정
 4. 2011년, 해설서인 '한국형 웹 접근성을 고려한 콘텐츠 제작기법 2.0' 발표
 2015년, '한국형 웹 콘텐츠 접근성 지침 2.1(TCS.OT-10.0003/R2)'을 웹 접근성 국가표준으로 개정

6 인터넷중독은 아직 정신병리학적으로 명확히 정의된 것은 아니다. 20년 만에 개정된 DSM-V(2013)에는 인터넷중독에 관련된 직접된 장애의 카테고리는 없으며, 중독 장애(Substance-Related and Addictive Disorders)의 항목 아래 비물질 관련 장애(Non-Substance-Related Disorders)에 도박중독 장애를 포함시키고 있다. 또한 인터넷게임중독을 공식적인 중독으로 등재되지는 않았지만 앞으로 더 많은 연구가 필요한 분야로 소개하고 있다.

7 6개 정책 영역의 주요 정책 과제는 다음과 같다.
　. 예방교육: 유아동, 청소년, 성인의 생애주기별 예방 의무화
　. 전문상담: 매체 콘텐츠 생애주기별 맞춤형 전문상담 강화
　. 전문치료: 스마트미디어 및 인터넷중독 전문치료 체계화
　. 사후관리: 회복자 재발방지를 위한 사후관리 도입
　. 협력체계: 국제, 정부, 민관산학, 지역수준 협력체계 활성화
　. 정책기반: 사회적, 물적, 인적 정책 사업 기반 조성

8 우리나라의 개인정보보호원칙은 OECD의 프라이버시 8원칙과 EU개인정보보호 지침 등의 국제적 표준을 반영하여 제정되었다.
　. OECD 프라이버시 8원칙: 수집제한의 원칙, 정보 정확성의 원칙, 목적 명확화의 원칙, 이용제한의 원칙, 안전성 확보의 원칙, 처리방침 공개의 원칙, 정보주체 참여의 원칙, 책임의 원칙
　. 개인정보보호법상의 원칙: 목적에 필요한 최소정보의 수집, 사생활 침해를 최소화하는 방법으로 처리, 익명처리의 원칙, 처리목적 내에서 정확성, 완전성, 최신성을 보장, 처리목적의 명확화, 목적 범위 내에서 적법하게 처리, 목적 외 활용금지, 권리침해 가능성 등을 고려하여 안전하게 관리, 개인정보 처리방침 등 공개, 열람청구권 등 정보주체의 권리 보장, 개인정보처리자의 책임준수, 신뢰확보 노력

• 참고문헌 •

제1장 스마트사회의 도래와 위험의 재조명

Lyn White Jr.(1996). *Medieval Technology and Social Change*. Oxford: Oxford University Pres.

Trevor Pinch & Wiebe E. Bijker.(1998). "The Social Construction of Facts and Artifacts: Or How the Sociology of Science and the Sociology of Technology Might Benefit Each other." in Wiebe E. Bijker. Thomas P. Hughes. and Trevor Pinch(eds.). *The Social Construction of Technological Systems. New Directions in the Sociology and History of Technology*. Cambridge, Mas.: The MIT Pres. pp.17-50. (번역, 송성수 편저, 1999, 과학 기술은 사회적으로 어떻게 구성되는가, 서울: 새물결)

미래창조과학부(2014). 사물인터넷 R&D 추진계획. Issue Report, 14(4): 43-64.
성욱준(2016). 공공부문 빅데이터 정책 활성화 연구. 한국정책학회보, 25(2): 125-149.
정충식(2015). 『전자정부론 제4판, The Theory of Electronic Government 4th edition』. 서울경제경영.

안호천(2016. 09. 05). 공공분야 IoT 가이드라인 나온다.
　　http://www.etnews.com/20160905000209
홍성욱(2006. 06. 01). [기술 속 사상] 자전거 기술은 치마길이가 좌우했다.
　　http://www.hani.co.kr/arti/culture/book/128683.html

제2장 정보격차: 인간자본(human capital)과 불평등의 아이러니

Ragnedda, M. & Muschert, G. W.(2013). The digital divide: The Internet and social inequality in international perspective (Vol. 73). Routledge.
Van Dijk, J.(2005). Deepening Divide. Sage Publications, Incorporated.

한국정보화진흥원(2008). 『2008 국가정보화백서』. 한국정보화진흥원(2008).
_____(2009). 『2009 국가정보화백서』. 한국정보화진흥원(2009).
_____(2010). 『2010 국가정보화백서』. 한국정보화진흥원(2010).
_____(2011). 『2011 국가정보화백서』. 한국정보화진흥원(2011).
_____(2012). 『2012 국가정보화백서』. 한국정보화진흥원(2012).
_____(2013). 『2013 국가정보화백서』. 한국정보화진흥원(2013).
_____(2014). 『2014 국가정보화백서』. 한국정보화진흥원(2014).
_____(2015). 『2015 국가정보화백서』. 한국정보화진흥원(2015).
_____(2015). 『2015 정보격차실태조사』. 한국정보화진흥원(2015).
_____(2016). 『2016 정보격자치수 및 실태조사』. 한국정보화진흥원(2016).

Pew Research Center, "Low Price Mobile", http://www.pewresearch.org//search/?query=low%20price%20mobile

정용철(2016. 04. 19). IT 사각지대 놓은 장애인, '신(新) 정보격차' 우려. http://www.etnews.com/20160419000292

제3장 사이버중독: 즐거움과 집착의 간극

Davis, R. A.(2001). A cognitive-behavioral model of pathological Internet use. Computers in human behavior, 17(2), 187-195.

Griffiths, M.(1995). Towards a risk factor model of fruit machine addiction: A brief note. Journal of Gambling Studies, 11(3), 343-346.

Griffiths, M.(2000). Internet addiction-time to be taken seriously?. Addiction research, 8(5), 413-418.

Young, K. S.(1996). Internet Addiction: The emergence of a new clinical disorder. Cyber Psychology and Behavior, 1: 237-244

권재환(2008). 국내 인터넷중독 연구동향. 청소년학연구, 15(3), 137-157.

남영옥 & 이상준(2005). 청소년의 인터넷중독유형에 따른 위험요인 및 보호요인과 정신건강 비교연구. 한국사회복지학, 57(3), 195-222.

Goldberg, I. K.(1996). Internet addiction. Electronic message posted to research discussion list. www.rideredu/users/suler/osvcvber/suooortgo.html

제4장 사이버폭력과 인터넷 윤리: 인터넷으로 숨어드는 폭력

강경래(2015). 사이버블링(cyberbullying)의 이해와 대응방안. 소년보호연구, 28(2), 1-29.

성동규, 김도희, 이윤석 & 임성원(2006). 청소년의 사이버폭력 유발요인에 관한 연구. 사이버커뮤니케이션학보, (19), 79-129.

송태민, 이연희, 정진욱, 이난희, 이기호, 진달래 …… & 류시원(2015). 빅데이터 분석 기반의 위기청소년 예측 및 적시대응 기술 개발-소셜 빅데이터 분석을 통한 국가차원의 청소년 위기관리 체계 모형 개발.

신동준 & 이명진(2006). 사이버폭력과 그 대책. 사이버커뮤니케이션학보, (20), 149-195.

신승균(2014). 학교폭력 재발방지를 위한 선도프로그램에 대한 연구-경남 양산경찰서 사례를 중심으로. 한국치안행정논집, 11(1), 45-66.

오승희 & 최진식(2005). 사이버 범죄에 대한 초등학생의 실태 연구. 한국인터넷정보학회 학술발표대회 논문집, 6(1), 457-461.

이고은 & 정세훈(2014). 청소년의 사이버폭력 행위에 영향을 미치는 요인에 관한 연구. 사이버커뮤니케이션학보, 31(2), 129-162.

이승현, 노성호 & 박상옥(2014). 청소년따돌림에 대한 형사정책적 대응방안. 형사정책연구원 연구총서, 1-304.

이창호(2014). 청소년의 사이버블링 실태조사.

장준오, 유홍준, 이완수 & 김일수(2012). 교실 내 폭력의 현황과 대책. 형사정책연구원 연구총서, 2-403.

정태석 & 설동훈(2004). 사이버범죄와 보안의식. IT의 사회·문화적 영향연구, 21.

한국인터넷진흥원(2014). 『2014 사이버폭력 실태조사』. 한국인터넷진흥원(2014).

한국인터넷진흥원(2010). 『2010 한국인터넷백서』. 한국인터넷진흥원(2010).
_____(2011). 『2011 한국인터넷백서』. 한국인터넷진흥원(2011).
_____(2012). 『2012 한국인터넷백서』. 한국인터넷진흥원(2012).
_____(2013). 『2013 한국인터넷백서』. 한국인터넷진흥원(2013).
_____(2014). 『2014 한국인터넷백서』. 한국인터넷진흥원(2014).
_____(2015). 『2015 한국인터넷백서』. 한국인터넷진흥원(2015).

정락인(2016. 09. 29). 무차별 사생활 폭로 두 얼굴의 눈.

http://www.sisapress.com/journal/article/158305

제5장 개인정보보호: 개인정보보호와 활용의 경계

한국인터넷진흥원(2015). 『2015 한국인터넷백서』. 한국인터넷진흥원(2015).
한국인터넷진흥원(2015). 『2015 국가정보보호백서』. 한국인터넷진흥원(2015).

UNODA(2016). http://www.un.org/disarmament/topics/informationsecurity/

제6장 스마트위험사회의 정보정책을 위한 제언

Davies, P.(2004). Is Evidence-Based Government Possible?. Presednted at
the 4th Annual Campbell Collaboration Colloquium, Washington,
D.C.
Gilgun, J. F.(2005). The four cornerstones of evidence-based practice in
social work. Research on social work. 15(1), 52-61.
Gray, M.(1998). Evidence-based healthcare: how to make health policy and
management decisions. Edinburgh: Churchill Livingstone.
W. Dunn 저. 남궁근, 이희선, 김선호, 김지원 역. 2013. 정책분석론. 서울: 법
문사.

이삼열·정의룡·이은하(2009). 시범사업에 관한 탐색적 연구-보건복지가족
부 사업을 중심으로. 2009년 한국행정학회 추계학술대회, 1-40.

성욱준

서울과학기술대학교 IT정책전문대학원 교수

고려대학교 정치외교학과 졸업
서울대학교 행정대학원 행정학 석사
서울대학교 행정대학원 행정학 박사
서울대학교 한국행정연구소 연구원
서울대·수원대 등 시간 강사

주요 저서
- 『빅데이터 시대의 기회와 위험』(2016)
- 『스마트 시대의 위험과 대응 방안』(2016)

주요 논문
- A Study of the Digital Divide in the Current Phase of the Information Age (2016)
- The use of smart work in government: Empirical analysis of Korean experiences(2016)
- Effects of Internet Users' Perception Regarding the Risks and Benefits of the Internet on Cyberspace Trust(2016)
- 공공부문 빅데이터 정책 활성화 연구(2016)
- The Effect of Smart Device Usage on Purchase of Online Fee-based Digital Contents(2016)
- A Study of Cyberbullying Policies in the Smart Age(2016)
- The Policy Advice on the G4B Enhancement(2015)
- 와이브로(WiBro) 정책 사례 연구(2014)
- 스마트시대 정보리터러시와 정보격차에 관한 연구(2014)
- 게임 셧다운(shutdown)제 정책이 청소년의 게임사용시간에 미치는 효과 연구(2014)
- 미디어렙(Media Representative) 입법 과정에 관한 연구(2014)
- 정책지지연합모형(ACF)을 통한 인터넷 제한적 본인확인제 정책과정에 대한 연구(2014)
- 공공부문 스마트워크 활성화 방안에 관한 연구(2013)
- 개인정보보호법 입법과정에 관한 연구: 정책흐름모형을 중심으로(2013)
- 스마트시대 정보보호정책에 관한 연구(2012)

스마트위험사회의
정보정책론
Information Policy for Sustainable Smart Society

초판인쇄 2017년 6월 23일
초판발행 2017년 6월 23일

지은이 성욱준
펴낸이 채종준
펴낸곳 한국학술정보㈜
주소 경기도 파주시 회동길 230(문발동)
전화 031) 908-3181(대표)
팩스 031) 908-3189
홈페이지 http://ebook.kstudy.com
전자우편 출판사업부 publish@kstudy.com
등록 제일산-115호(2000. 6. 19)

ISBN 978-89-268-7948-1 93330

이 책은 한국학술정보(주)와 저작자의 지적 재산으로서 무단 전재와 복제를 금합니다.
책에 대한 더 나은 생각, 끊임없는 고민, 독자를 생각하는 마음으로 보다 좋은 책을 만들어갑니다.

이 책은 2014년 정부(교육부)의 재원으로 한국연구재단의 지원을 받아 수행된 연구임(NRF-2014S1A3A2044645).